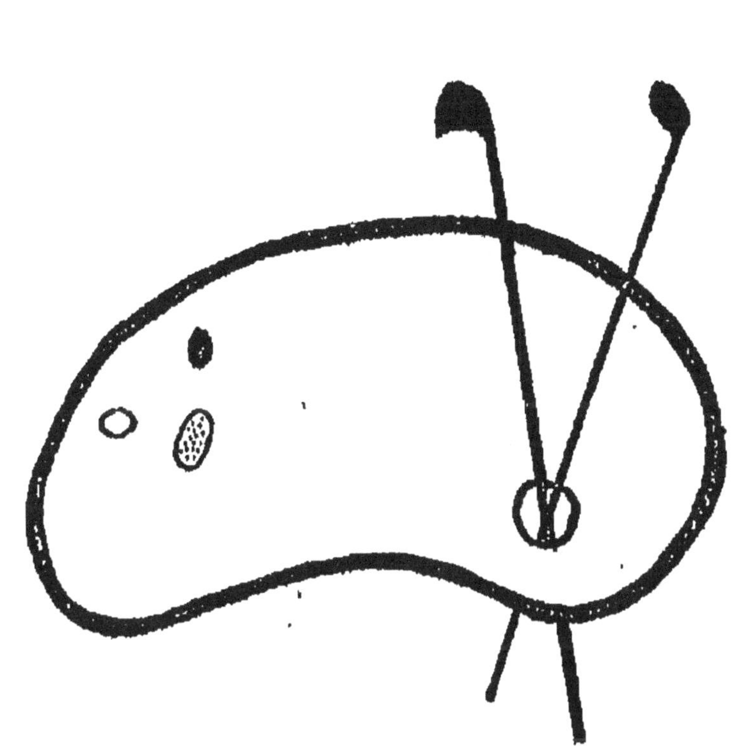

DEBUT D'UNE SERIE DE DOCUMENTS
EN COULEUR

DOCUMENTS DE LÉGISLATION COMPARÉE

ASSISTANCE PUBLIQUE ET PRIVÉE

*Recueillis par la Société Internationale pour l'étude
des questions d'Assistance*

LOIS D'ASSISTANCE PUBLIQUE

DE

L'ÉTAT D'INDIANA

(ÉTATS-UNIS, AMÉRIQUE)

Présentées en Français

PAR

CHARLES RICHMOND HENDERSON

Professeur à l'Université de Chicago

Prix : 5 francs

PARIS

Au Siège de la Société Internationale

16, RUE DE MIROMESNIL

1907

LA
REVUE PHILANTHROPIQUE

PARAISSANT LE 15 DE CHAQUE MOIS

PAUL STRAUSS, Directeur

REVUE D'ASSISTANCE
BULLETIN DE LA SOCIÉTÉ INTERNATIONALE
POUR L'ÉTUDE DES QUESTIONS D'ASSISTANCE

COMITÉ DE PATRONAGE

Le titre de la *Revue Philanthropique* est à lui seul un programme. Vulgariser en des études substantielles et attrayantes tous les aspects du problème si complexe de l'amélioration sociale, propager les meilleures méthodes de la bienfaisance officielle ou libre, tant à Paris que dans les départements et à l'étranger; réunir dans un effort commun, en dehors de toute préoccupation politique et religieuse, toutes les bonnes volontés et toutes les compétences, tel est le but que se sont proposé les fondateurs de cette Revue.

Il a paru que non seulement les administrations publiques devaient être stimulées dans l'accomplissement de leur mission, mais qu'encore l'initiative privée avait besoin, pour se développer et pour porter tous ses fruits, d'un centre de rendez-vous et d'un foyer de renseignements. C'est dans cet ordre d'idées que nous avons l'ambition d'être un guide et une tribune, — l'expérience des uns venant diriger et féconder le dévouement des autres.

CONDITIONS DE LA PUBLICATION

La Revue Philanthropique *paraît par numéros de chacun 128 pages, le 15 de chaque mois.*

Elle forme chaque année 2 volumes.

Prix de l'Abonnement annuel :

PARIS ET DÉPARTEMENTS : **20 FR.** — ÉTRANGER : **22 FR.**

Chaque numéro est vendu séparément 2 francs.

On s'abonne à la Librairie **MASSON & Cⁱᵉ**, 120, boulevard Saint-Germain, Paris

ÉMILE COLIN ET Cⁱᵉ — IMPRIMERIE DE LAGNY

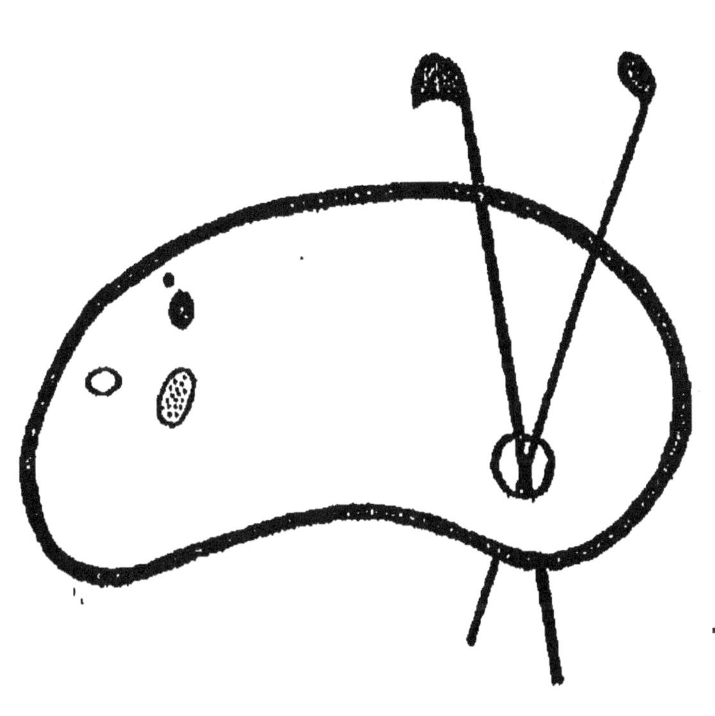

**FIN D'UNE SERIE DE DOCUMENTS
EN COULEUR**

LOIS D'ASSISTANCE PUBLIQUE

DE

L'ÉTAT D'INDIANA

AVANT-PROPOS

Aux États-Unis le Congrès fédéral n'arrête pas de lois concernant l'assistance, à l'exception du *District of Columbia* et de la ville de Washington, et de lois concernant les émigrants. Chaque État fait ses propres règlements sur l'assistance publique.

J'ai choisi l'État d'Indiana pour les raisons suivantes : sa situation est près du centre de l'Union, entre l'est et l'ouest, et près du bord des États du Sud; il n'a pas une très grande ville avec de la misère extrême comme à Chicago; et l'administration est intelligente et progressive. C'est un État typique.

La base de l'organisation est la constitution, la loi suprême de l'État, mais subordonnée à la Constitution de l'Union.

L'Assemblée générale à deux chambres dirige et contrôle le système d'Assistance publique par des lois. Ces lois contiennent deux éléments différents, l'un général, l'autre spécial (règlements détaillés et ordres pour la création d'institutions). Le peuple aime beaucoup à faire sentir son influence directement sur ses institutions. Mais les conseils d'administration ont le pouvoir de faire des règlements, et les surintendants ou directeurs rédigent des règles et donnent des ordres pour les employés.

Le système d'institutions d'assistance.

a) Les institutions de l'État même sont : les écoles pour l'éducation des aveugles et des sourds-muets où les enfants sont éduqués dans de grands pensionnats; les cinq hôpitaux pour les aliénés ; l'institution pour les enfants imbéciles et idiots avec une maison séparée pour la garde des femmes de cette classe pour empêcher la propagation de ces êtres anormaux et défectueux; le village pour les épileptiques qui va être fondé cette année. Le gouverneur, comme magistrat exécutif suprême de l'État, a beaucoup de responsabilité concernant ces institutions. Il est président du Conseil d'assistance de l'État qui a la surveillance de toutes les institutions. Chaque institution a un Conseil d'administrateurs, dont les membres sont nommés par le gouverneur et dont les pouvoirs et fonctions sont fixés par la loi. Le fonctionnaire expert qui gère les affaires d'une institution est le surintendant. Dans les hôpitaux il est médecin ; dans les écoles il est instituteur. Les deux écoles de réformation pour les garçons et pour les filles sont aussi sous la surveillance du Conseil d'assistance de l'État.

b) Dans chaque comté il y a un Conseil d'administrateurs, un Conseil d'assistance et des fonctionnaires (vérificateur, secrétaire, shérif, trésorier, etc.). La cour du comté a des fonctions concernant l'assistance du comté.

c) Le fonctionnaire le plus important dans chaque commune de chaque comté est l'administrateur de la commune (*trustee*). Il a beaucoup de fonctions à remplir ; comme administrateur d'assistance publique (secours à domicile) il s'appelle surveillant général des pauvres (*overseer of the poor*).

d) L'assistance privée devient plus importante et ces institutions dans l'État d'Indiana jouissent de la protection et quelquefois des subventions de l'État, et sont sujettes à la surveillance du Conseil d'assistance.

Principe de responsabilité.

L'État impose la responsabilité aux sources primaires et exige de tout citoyen l'accomplissement de ses devoirs envers lui-même et envers sa famille et ses parents.

1° L'adulte, s'il est robuste, doit se soutenir sans assistance (*Township Poor Relief Law*, Acts of 1901, chap. 147, sec. 7-9). Le mendiant qui refuse de travailler quand l'occasion lui en est offerte est puni d'une amende de 5 à 50 dollars (Burns, *Revised Statutes*, 1901, 2255, 2251). Le mendiant robuste est considéré comme malfaiteur. S'il refuse de travailler, il tombe sous le code pénal.

2° Le principe de la solidarité de la famille est sacré dans la loi d'assistance.

a) Les parents légitimes doivent soutenir et faire instruire leurs

enfants (*Township Poor Relief Law*, Acts 1901, ch. 147, sec. 7-9).
Toutes les écoles publiques sont ouvertes gratuitement sans exception et sans distinction. Les parents d'enfants d'au moins quatorze
ans doivent les envoyer dans les écoles publiques ou dans les écoles
privées ou paroissiales (Acts 1901, ch. 209). Les parents pauvres peuvent se procurer de l'assistance s'il y a nécessité.

b) Les deux parents d'enfants illégitimes doivent les soutenir et
les faire instruire. Le père est obligé de contribuer aux dépenses. Il
y a une loi sur la recherche de la paternité et après une longue expérience elle est universellement approuvée, malgré les difficultés d'une
telle recherche (*Bastardy Law* ; Burns, *Rev. Statutes*, sec. 1002, 1003,
1004, 1005).

c) Le mari qui abandonne sa femme et ses enfants, et les laisse à
la charge de l'assistance publique ou privée, est frappé d'une amende
de 10 à 100 dollars. (Burns, *Rev. Statutes*, 190, sec. 2254). Mais s'ils
ont des ressources financières il n'est pas puni comme criminel,
pourvu que sa propriété, s'il y en a, soit aliénable (State Vs. Rice,
106 Ind., 139).

d) Les enfants de vieux parents doivent les aider dans leur vieil-
lesse et en cas d'infirmité.

e) Le surveillant général, avant qu'il donne aide à une personne
indigente, doit rechercher tous les parents connus et essayer d'en
obtenir l'aide nécessaire.

f) Les parents divorcés, s'ils ont les moyens, doivent soutenir
leurs enfants ; mais s'ils ne sont pas honnêtes et capables, le surveillant général et la cour doivent se charger des enfants.

Principe de responsabilité de la commune.

La base de la responsabilité des voisins est :
a) Le sentiment de la conscience du voisinage ;
b) La valeur du travail productif dans les champs et sur les voies
publiques, le paiement des droits, etc., dans la commune ;
c) Le fait que les habitants d'une petite commune connaissent l'indigent, son caractère, ses besoins. Un individu qui importe un indigent dans l'État, avec l'intention de le laisser à la charge d'un comté
(c'est-à-dire de la commune) sera frappé d'une amende de 10 à
100 dollars (Burns, *Rev. Statutes*, Vol. D, p. 893, sec. 2253). Une loi
de l'an 1899 règle les méthodes d'amener des enfants orphelins, etc.,
dans l'État. Une société charitable doit donner caution pour l'entretien
d'un enfant indigent jusqu'à ce qu'il devienne adulte. M. E -P. Bik-
nell, autrement secrétaire du Conseil d'assistance de l'État, autorité

compétonte, déclare qu'on n'a jamais trouvé une commune si pauvre qu'elle ne puisse pas maintenir ses indigents sans aide du comté.

Principes de l'administration centrale de l'État : le Conseil d'assistance de l'État.

But. — La fonction de ce Conseil est de surveiller le système d'assistance dans l'État; de voir à ce que chaque interné de chaque institution publique reçoive les soins convenables; que l'argent public soit proprement dépensé; que les institutions soient proprement administrées; et que les administrateurs soient mis à l'abri de toute critique injuste.

Organisation. — La loi exige que le gouverneur nomme un Conseil d'assistance de l'Etat de six membres, dont trois seront d'un des deux partis politiques principaux, et les trois autres de l'autre. Le but de cette provision est de libérer les institutions du contrôle de l'influence politique du parti qui est temporairement en majorité. Les membres servent sans autre compensation que l'honneur d'être utiles à l'État. Le gouverneur actuel est président *ex officio* du Conseil. Le Conseil nomme un secrétaire qui reçoit des appointements et des indemnités de voyage.

Pouvoirs du Conseil. — Le Conseil est autorisé à rédiger des règlements pour ses transactions; visiter et examiner toutes les institutions d'assistance et de correction de l'État et des comtés, les prisons, hôpitaux, asiles; à exiger de tous les fonctionnaires d'institutions les renseignements demandés. Les plans pour les nouveaux hôpitaux et prisons doivent être soumis au Conseil pour y être examinés et recommandés. Le Conseil fait des investigations spéciales et des rapports au gouverneur et à l'Assemblée générale. Dans son rapport annuel le Conseil fait des recommandations à l'Assemblée générale concernant l'amélioration du système d'assistance. Récemment le Conseil a été chargé de la surveillance des enfants indigents. Le Conseil reçoit un rapport détaillé trimestriel de chaque surveillant général de chaque commune indiquant l'âge, le sexe, la couleur (nègres), la condition de famille (marié ou célibataire), la nationalité, l'aide (date, valeur, quantité) des enfants mis en apprentissage. A l'exception de la surveillance des enfants indigents le Conseil n'a pas de fonctions administratives. Il n'est pas autorisé à rédiger des règlements pour les institutions de l'État ou des comtés; ni à donner des ordres aux fonctionnaires d'institutions. Il peut visiter, donner des avis, et faire des rapports au gouverneur, à l'Assemblée générale et au grand public. L'Assemblée générale seulement peut faire des lois, et les conseils d'institutions sont autorisés à rédiger les règlements spéciaux pour les institutions.

Apparemment le pouvoir du Conseil est assez restreint; mais les résultats actuels sont remarquables. Le Conseil fut organisé d'après la loi de 1889. Il a été excessivement heureux d'avoir pour membres des homm,es intelligents et dévoués. Il a eu trois secrétaires distingués, MM. A. Jonhson, E.-P. Bicknell, et le secrétaire actuel, M. A.-W. Butler.

Sous la direction du Conseil les influences funestes de partis ont été exclues pour la plupart des institutions de l'État, et aujourd'hui les fonctionnaires sont choisis pour leurs aptitudes et leur préparation professionnelle, pas du tout pour leur activité politique. Le système des registres et des comptes a été fait plus uniforme et efficace. L'administration est plus économique. Les institutions sont visitées fréquemment et surveillées soigneusement; des erreurs sont indiquées, des suggestions sont faites, la critique injuste et imméritée est refusée. L'administration d'assistance dans les comtés a été améliorée; les asiles et les prisons sont dans une meilleure condition; les enfants abandonnés et orphelins sont placés dans des familles et surveillés; l'importation des enfants indigents est réglée. Le grand public est bien informé concernant les dépenses et l'administration des institutions.

Nombre de personnes sous la surveillance du Conseil d'assistance de l'État :

Habitant les institutions de l'État	10.315
Habitant les asiles des pauvres de comtés	3.115
Habitant les orphelinats	1.699
Détenus dans les prisons des comtés	880
Détenus dans les prisons des villages, etc.	100
Secours au domicile	40.009
Enfants vagabonds sous surveillance	22.789
	84 916

Statistique des institutions sous la surveillance du Conseil d'assistance, dans l'année 1905 :

Institutions de l'État :

Maintien	1.555 787.17
Bâtiments et améliorations	117.970.18
	1.673.757.35

Asiles des pauvres dans les comtés :

Maintien	387.843.86
Bâtiments et améliorations	22.001 41
	409.814.97
Dépenses pour détenus et prisons	102 650.99

Enfants indigents :

Orphelinats	187.291.74
Éducation obligatoire	33.490.00
Secours au domicile	281.899.87
Montant pour l'État	2.687.904.02

Secours au domicile dans les communes. — Autrefois, sous la loi du 6 mai 1853, le surveillant général de la commune distribuait le secours au domicile à son gré et les commissaires du comté réglaient ses comptes sans beaucoup de surveillance. La surveillance de l'État manquait tout à fait. Sous l'influence du Conseil d'Assistance de l'État, l'Assemblée générale a arrêté la loi de 1895 qui exige du surveillant d'envoyer un rapport détaillé au Conseil d'assistance de l'État et au Conseil du comté, montrant, pour chaque personne aidée, le nom, l'âge, le sexe, la couleur, la nationalité, la condition physique et psychique, la cause d'indigence, la période de résidence dans la commune, les noms des parents, etc. La loi de 1897 exige de la commune qu'elle paie elle-même pour tous les dépenses de secours donnés par le surveillant général au domicile. La loi de 1899 prescrit que le surveillant général se mette en relation avec les associations de charité privée du comté; qu'il fasse un examen de toute personne ou famille qui reçoit des secours; et défend au surveillant général de transporter un indigent dans un autre endroit à moins qu'il y ait là un domicile de secours ou d'emploi ou des parents. Les résultats de ces lois sont remarquables. La population de l'État d'Indiana a augmenté entre 1891 et 1905 de 14 p. 100, mais le nombre d'assistés au domicile a diminué de 3,2 p. 100 (dans l'an 1897) à 1,8 (dans l'an 1905) de la population. Le dépens par habitant a été diminué de 20 centimes (1895) à 10 centimes (1905). (A. W. Butler, *American Journal of Sociology*, mai 1906.) Pendant la même période le nombre d'habitants des asiles des pauvres a été réduit de 14,8 p. 1000 (1891) à 12,4 (1905). Sous l'administration plus soigneuse les pauvres sont moins paresseux et plus industrieux; c'est pourquoi leur condition économique est plus élevée qu'autrefois.

Enfants indigents. — Il n'est pas possible, dans les limites d'un article, de décrire le système assez compliqué et complet de soigner les enfants indigents : le Conseil des tuteurs dans les comtés, le nouveau Tribunal des enfants, la loi concernant l'éducation obligatoire et gratuite, les institutions publiques et privées pour le soin d'enfants négligés, abandonnés, les méthodes de placer les enfants sans foyer dans des familles. Toutes les parties du système sont surveillées par les agents du Conseil d'assistance pour l'État.

TEXTES GÉNÉRAUX

PRÉVISIONS DE LA CONSTITUTION (Burns, 1901).

Ce sera le devoir de l'Assemblée générale de pourvoir par la loi au maintien des institutions d'éducation des sourds-muets, des aveugles, et, aussi, des traitements d'aliénés. (La législature pourra ordonner comment les agents et fonctionnaires d'institutions d'assistance de l'État doivent être choisis. Hovey vs. State, ex rel. 110, Ind. 395.)

ASILES DES PAUVRES DES COMTÉS (Burns, 192. *County asylums*).

Le Conseil du comté pourra choisir des fermes comme asiles pour les personnes qui, en conséquence d'âge, de faiblesse ou autre malheur, ont droit à la sympathie et l'aide de la société.

Assistance des comtés. — Dans chaque comté on trouve un asile des pauvres qui est généralement habité des personnes vieilles et infirmes. Il est illégal de retenir des enfants dans ces institutions.

Les anormaux sont soignés dans des institutions de l'État; les idiots épileptiques, aliénés, et malheureusement quelques-uns restent dans les asiles des comtés. Graduellement toutes les personnes de ces classes seront soignées dans les institutions de l'État. Selon la loi de 1901 les femmes idiotes ayant de seize à quarante-cinq ans sont placées dans une maison spéciale pour prévenir la propagation des enfants anormaux. Dans l'an 1904, il y avait 127 femmes de cette classe dans l'institution. Un village pour les épileptiques va être fondé par l'État.

Les enfants défectueux, les aveugles, et les sourds-muets sont instruits dans des grands pensionnats de l'État.

DIVISION I

LE CONSEIL D'ASSISTANCE DE L'ÉTAT

Loi pour.établir un Conseil d'assistance de l'État, prescrivant ses devoirs ; appropriant 4.000 dollars, et déclarant l'urgence. Approuvée le 28 février 1889.

Section I. — Arrêté par l'Assemblée générale de l'État d'Indiana :

Le Gouverneur nommera six (6) personnes, trois de chaque des deux partis politiques qui ont donné le plus grand nombre de voix à la dernière élection générale ; et ces personnes constitueront un Conseil d'assistance de l'État, et serviront sans compensation. Deux membres, nommés par le Gouverneur, serviront pendant une année, deux pendant deux années, et deux pendant trois années.

Après l'expiration de son terme la place d'un membre sera remplie pour le terme de trois années. Le Gouverneur sera *ex officio* membre et président dudit Conseil. Les nominations pour remplir les vacances occasionnées par mort, démission, ou renvoi avant l'expiration du terme, pourront être faites pour le reste du terme de la même manière que les premières nominations.

Section II. — Le Conseil d'Assistance de l'État sera pourvu d'un local spécial dans la Maison de l'État (« capitol »). Les sessions régulières du Conseil seront tenues une fois par trimestre, ou plus souvent, s'il est besoin. Le Conseil pourra faire les règlements et donner les ordres pour la direction de ses travaux comme bon lui semble. Il examinera tout le système de l'assistance publique et les institutions correctionnelles de l'État, il s'informera de la condition et de l'administration de ces institutions, spécialement des prisons de l'État, des comtés et des communes, les hôpitaux, les asiles ; et les fonctionnaires proposés à ces institutions fourniront au Conseil, sur sa demande, les renseignements et les statistiques désirés, et pour assurer la précision, l'uniformité et la perfection dans ces.statistiques, le Conseil pourra prescrire les formules des rapports et des registres comme il le pense nécessaire. Tous les plans de nouvelles prisons et infirmeries des comtés seront soumis au Conseil par les autorités des comtés pour qu'il donne son avis avant qu'ils soient adoptés. Le Conseil, à sa discrétion, pourra faire n'importe quand, et, en tant que Conseil ou à l'aide d'un comité de ses membres, un examen de l'administration d'une institution pénitentiaire ou charitable de l'État, et ledit Conseil pour cet examen pourra faire appeler des personnes et faire apporter des documents, et faire prêter des serments ; le rapport de cet examen accompagné des attestations sera fait au Gouverneur, et par lui soumis avec ses avis à l'Assemblée générale.

Section III. — Ledit Conseil pourra nommer un secrétaire qui recevra, en plus de ses dépenses de voyage, des appointements approuvés par le Conseil. Tous les comptes et les déboursés seront certifiés d'une manière prévue par le Conseil et seront réglés par le trésorier sur un mandat du vérificateur de l'État.

Section IV. — Le Conseil d'assistance publique de l'État préparera chaque année et imprimera pour l'usage de la législature un rapport complet de leurs transactions pendant l'année passée, constatant pleinement et en détail toutes les dépenses faites, tous les fonctionnaires et les agents employés, avec un rapport du secrétaire comprenant toutes les transactions et toutes les dépenses de l'année, et constatant la condition de toutes les institutions de l'État sous leur contrôle, avec les avis nécessaires.

Section V. — La somme annuelle de 4.000 dollars est désignée par cette loi pour payer les dépenses faites nécessairement à cette loi.

Section VI. — Attendu qu'urgence existe, cette loi sera en effet immédiatement après qu'elle sera promulguée.

DIVISION II

INSTITUTIONS D'ASSISTANCE DE L'ÉTAT

Lois générales. (Burns, *Statutes of Indiana*, 1901, vol. II, ch. xv.)

ARTICLE PREMIER. — MAINTIEN.

Allocation continuée. — Toutes les fois que l'Assemblée générale à sa session régulière biennale manquera à faire une allocation pour les objets ci-dessus mentionnés, il sera légal pour le gouverneur, le secrétaire et le trésorier de l'État d'exiger du vérificateur, jusqu'au temps où l'Assemblée générale fera une allocation, de faire un ordre de perquisition chez le trésorier de l'État pour les sommes qu'ils pensent de temps à autre être nécessaires pour ces objets : pourvu qu'elles ne dépassent pas les sommes allouées par la dernière Assemblée pour les mêmes objets. Pour payer ces ordres qui seront faits et présentés une somme suffisante est par ces présentes votée.

Demandes d'argent. — Les objets pour lesquels ces ordres pourront être faits sont : Les dépenses de l'hôpital des aliénés, de l'institution des sourds-muets, de l'institution des aveugles, de la maison des soldats vétérans, et de la maison de refuge.

Ordres sur les fonds généraux. — Les ordres sont faits seulement sur les fonds généraux, et ils ne comprendront pas de sommes pour agrandir une institution, mais ils seront limités strictement aux dépenses courantes nécessaires desdites institutions; et lesdites allocations seront faites mensuellement sur le certificat du président du conseil d'administrateurs de l'institution, et ce certificat montrera la nécessité de la somme demandée, et portera l'approbation dudit conseil. Ce certificat sera contresigné par le surintendant de l'institution.

Limites de l'allocation. — Ce sera le devoir des fonctionnaires de ne pas demander plus dans un mois que la douzième partie de l'allocation de l'Assemblée générale pour les dépenses courantes de l'institution pour l'année précédente.

ARTICLE 2. — MAINTIEN DES ÉLÈVES.

Demandes d'admission. — Toutes les fois qu'une demande est présentée pour l'admission d'un sourd-muet ou d'un aveugle dans une institution de l'État pour leur éducation, ou dans un hôpital d'aliénés, la demande sera accompagnée d'un certificat de juge de paix, que ladite personne a un domicile de secours dans le comté de l'État d'Indiana où il est prétendu que cette personne réside.

Vêtements et dépenses de transport. — Ce sera le devoir des parents, tuteurs ou amis de la personne admise comme élève dans une institution, de la pourvoir de vêtements à son admission dans l'école et pendant qu'elle y réside; et aussi de payer les dépenses de voyage entre l'institution et son foyer au temps de l'admission et après.

Provision par l'État. — Toutes les fois qu'un élève n'aura pas les vêtements convenables et les moyens de payer les dépenses de voyage, le surintendant de l'institution y pourvoira et il fera et mettra en liasse chez le trésorier de l'État des comptes, un pour chaque élève, à charge des comtés d'où les élèves sont envoyés, pour une somme n'excédant pas 40 dollars par an et par élève; et ces comptes seront signés par le surintendant de l'institution et attestés par le sceau de l'institution sous sa charge; et le trésorier de l'État percevra chaque compte ainsi certifié au comté d'où l'élève vient, et portera le montant au crédit de ladite institution.

Remboursement par le comté. — Le trésorier de l'État enverra chaque compte, ainsi mis en liasse chez lui, au trésorier du comté, qui le fera payer par la caisse du comté au trésorier de l'Etat, et ledit trésorier du comté recouvrera, par procès s'il y a besoin, le montant du compte des parents ou de la propriété de l'élève, dans le cas où existe la possibilité de payer : pourvu qu'au moins 300 dollars de la propriété desdits parents soient exemptés du paiement dudit compte.

Dépenses funéraires. — En cas de mort d'un élève d'une institution, dont les dépenses funéraires ne sont autrement pourvues, un compte sera fait, attesté et recouvré de la manière prescrite dans la section précédente.

Dans le cas où les fonctionnaires d'une institution pensent nécessaire selon les règlements de faire renvoyer un élève, soit temporairement à cause de maladie ou de vacances de l'école, ou d'une manière permanente dans le cas où l'enseignement est complet, ou parce qu'il a été trouvé incapable pour n'importe quelle raison de rester plus longtemps à l'école, alors les parents ou tuteur dudit élève, s'il y en a, le transporteront promptement sur la demande desdits fonctionnaires, et dans le cas où il n'est pas ainsi pourvu, ce sera le devoir du surintendant de ladite institution, de le faire renvoyer et délivrer au surveillant général de la commune où il a résidé avant son entrée dans l'institution, de la manière présentée dans les sections 3 et 4; et le trésorier du comté portera les frais au compte de la commune et les recouvrera de la manière pourvue dans lesdites sections.

Art. 3. — Administration.

Conseils d'administrateurs; fonctionnaires; cautions. — L'administration et le contrôle de l'institution pour l'éducation des aveugles, de l'hôpital d'aliénés, et de l'éducation des sourds-muets, seront par ces présentes assignés aux trois conseils, chaque conseil ayant trois membres qui serviront quatre ans. A l'organisation et par intervalles de deux ans chaque conseil choisira un membre président, et aussi un membre secrétaire et un trésorier. Deux membres d'un conseil constitueront un *quorum* pour dépêcher les affaires. Chaque conseiller, dans un délai de trente jours après son élection, donnera caution à l'Etat d'Indiana de la somme de 10.000 dollars, avec garants approuvés par le gouverneur, pour assurer l'accomplissement de leurs devoirs; et le trésorier dudit conseil aussi, dans un délai de trente jours après son élection, donnera caution de la somme de 350.000 dollars, avec des garants approuvés par le gouverneur, pour assurer l'accomplissement de ses devoirs de trésorier.

Conseils d'administrateurs; nomination; périodes de service. — L'emploi de conseiller et le conseil de contrôle de l'Hôpital central d'aliénés, de l'Hôpital d'aliénés du Sud, de l'Hôpital d'aliénés de l'Est, l'Institution pour l'éducation d'aveugles, et l'Institution pour l'éducation des sourds-muets, sont par ces présentes abolis, et toutes les personnes qui sont membres du conseil de contrôle dans chaque institution sont par cette loi congédiées, et le conseil de contrôle de chaque institution est aboli. Le contrôle, l'administration et la surveillance générale de chaque institution sont par cette loi assignés à un conseil d'administrateurs pour chaque institution, chaque conseil se composant de trois membres, et les personnes nommées devront être capables, probes et de caractère connu. Le gouverneur nommera treize personnes comme administrateurs, hommes de bon caractère et connaissant les affaires; et dont pas plus de douze appartiendront au même parti politique. Le gouverneur en nommant les administrateurs désignera dans le certificat de nomination l'institution dont le membre sera administrateur et la période pendant laquelle il devra servir. Pas plus de deux membre de chaque conseil appartiendront au même parti politique. Un membre de chaque conseil servira jusqu'au 1er janvier 1898; un autre servira jusqu'au 1er janvier 1899; et l'autre servira jusqu'au 1er janvier 1900. Par la suite toutes les nominations auront lieu pour une période de trois ans, et jusqu'à ce que leurs successeurs soient nommés s'ils ont qualité de servir. Le gouverneur pourra à chaque fois et pour n'importe quelle occasion congédier un administrateur et nommer son successeur.

Vacances dans un conseil. — Le gouverneur remplira chaque vacance dans un conseil d'administrateurs d'une institution et nommera tous les successeurs pourvus dans cette loi; et toutes les nominations seront faites de manière que le conseil n'ait jamais plus de deux membres appartenant au même parti politique.

Personnes qui ne sont pas éligibles. — Tout commissaire qui aura un intérêt quelconque direct ou indirect dans les contrats pour l'approvisionnement d'une institution ne sera pas éligible à la fonction d'administrateur. Si un administrateur pendant la période des services a un intérêt de cette sorte, il donnera sa démission et son successeur sera nommé pour la période inexpirée de son service.

Temps de nomination. — Le gouverneur dans un délai de trente jours après la promulgation de cette loi nommera les membres desdits conseils ainsi choisis, et sur leur acceptation des fonctions ils prendront serment comme demandé par la loi des institutions.

Règlements légaux des conseils. — Chaque conseil, après qu'il sera organisé, se conformera à toutes les lois concernant les institutions qui ne sont pas en contradiction avec cette loi, autant qu'elles sont applicables.

Appointements et dépenses des administrateurs. — Les membres de conseils d'administrateurs des Hôpitaux d'aliénés du Nord, de l'Est et du Sud, de l'Institution pour l'éducation des aveugles, et de l'Institution pour l'éducation des sourds-muets, et de la Réformation et de la Maison pour les vétérans, recevront pour leurs services, commençant le 1ᵉʳ janvier 1899, 300 dollars par an, et aussi les dépenses de voyage jusqu'à concurrence de 100 dollars pendant un an. Ces sommes seront payées tous les trois mois sur les fonds d'entretien.

Qualités des candidats. — Les conseils d'administrateurs, quand ils nomment les surintendants ou confirment les nominations des fonctionnaires assistants, ne considéreront que leurs qualités et leurs aptitudes, et ne considéreront point leurs convictions ou relations politiques ; et nul surintendant, ni employé ne sera congédié à cause de ses opinions ou relations politiques. Dans l'emploi ou le renvoi d'un surintendant ou employé les qualités, le caractère, le mérite et les aptitudes seront les seules considérations déterminantes dans le choix desdits employés.

Inventaire annuel. — Le surintendant de chaque institution devra, dans un délai de trente jours après que cette loi aura pris effet, faire et livrer sous serment au conseil d'administrateurs de l'institution un inventaire complet de toute la propriété appartenant à l'institution. Cet inventaire donnera la qualité et la condition de ladite propriété et sa valeur, où elle se trouve, et son but. Il donnera compte en détail de tous les produits et matières de consommation, y compris les peaux, suif, fleurs, et tous les articles vendus pendant l'année passée par le surintendant ou par les autres fonctionnaires ; les noms des personnes auxquelles les produits ont été vendus, le prix, les personnes qui ont reçu l'argent, et la manière dont il a été employé. Le compte comprendra toutes les dépenses de l'année passée pour la réparation des bâtiments, l'amélioration des terrains, pour les meubles et les autres articles achetés pour l'institution ; pour les vêtements et d'autres reçus pour ou avec les pensionnaires ; l'usage de cette propriété ; les articles qui restent dans l'institution, leur valeur et leur emploi ; le nombre des pensionnaires qui sont reçus, les noms des comtés d'où ils viennent ; le nombre des pensionnaires qui quittent l'institution et la cause pour laquelle ils quittent ; la condition de tous les pensionnaires et les besoins de l'institution. Un rapport pareil sera fait annuellement au conseil le 31 octobre de chaque année, et le conseil pourra exiger d'autres renseignements. Les conseils examineront ces rapports et après qu'ils les auront examinés ils les livreront au Gouverneur, qui les transmettra à l'Assemblée générale à sa session régulière.

Statuts. Séances. Comptes. — Le président et les administrateurs de chaque institution formeront un conseil d'administration de ses affaires, et ils pourront faire tous les règlements et statuts pour cette administration. Ils s'assembleront en séances régulières à la fin de chaque mois; et ils se rassembleront au moins une fois encore pendant chaque mois pour consultation et affaires. Ils tiendront un registre de leurs transactions, de toutes les sommes reçues et payées, et de tous les ordres faits ou payés. L'argent ne sera payé au moins que sur un bordereau présenté par le conseil. Ledit bordereau sera signé sous serment par le réclamant, et le paiement sera fait par ordre du président adressé au trésorier de l'institution et payable dix jours après qu'il a été fait. Ces comptes seront soigneusement préservés et porteront des nombres correspondant aux ordres faits pour leur paiement; et nul compte ne sera alloué pour une somme plus grande que le moindre prix des articles achetés, ou des services ou matériaux payés; et tous les contrats pour services, matériaux et articles ne seront faits que sur l'allocation du conseil.

Compte des ordres non payés. — Le trésorier présentera de temps à autre avant que lesdits ordres soient payables, au vérificateur de l'Etat un compte de tous les ordres faits et alors non payés, donnant date, nombre et montant de chaque ordre, la personne à laquelle l'ordre est payable; et cet ordre sera signé sous serment par le trésorier et certifié par le président du conseil; et le vérificateur de l'État là-dessus adressera un ordre pour la somme en faveur du trésorier, au trésorier de l'Etat, qui paiera la somme. Le vérificateur de l'État ouvrira et tiendra compte concurremment avec le trésorier de chaque institution et portera à son débit les ordres faits sur la trésorerie de l'Etat. Le trésorier de chaque institution, à la fin de chaque mois, enverra au vérificateur de l'Etat un bordereau des ordres payés par lui et de leur montant, signés sous serment comme exacts, et renverra au vérificateur les ordres payés. Le vérificateur de l'Etat là-dessus portera au crédit dudit trésorier la somme payée par lui, et gardera tous les ordres et comptes.

Surintendants et auxiliaires. — Le conseil nommera un surintendant qui pourra résider dans l'institution. Et le surintendant, avec l'approbation du conseil, pourra nommer les fonctionnaires, secrétaires, aides, médecins, instituteurs, assistants et employés qui seront nécessaires; mais le conseil prescrira le nombre de ceux qui peuvent être employés, fera les règlements les gouvernant, et fixera leurs appointements, ceux du surintendant y compris, lequel ne sera pas payé plus de 2 000 dollars par an. Ledit surintendant devra être de par son éducation apte à administrer l'institution dans laquelle il a été placé; il donnera caution pour l'exécution de ses devoirs et pour le paiement de tous les dommages occasionnés par ses actions. Ladite caution sera payable à l'Etat d'Indiana; le montant en sera fixé et requis par le conseil et approuvé par lui; et l'État ou toute

personne ayant droit à une indemnité pourra intenter un procès sur
la caution. Le surintendant sera chargé de l'institution et il surveillera
les fonctionnaires, instituteurs, assistants et employés, étant assujetti
aux règlements prescrits et aux ordres faits par le conseil d'administrateurs. Il pourra pour raisons valables congédier un fonctionnaire
ou employé et nommer une autre personne capable ; et ladite personne restera dans la place jusqu'à la prochaine séance du conseil.
Alors le surintendant rapportera tous les changements et leurs motifs.
Le conseil pourra confirmer la nomination ; mais dans le cas où la
nomination n'est pas confirmée, le surintendant fera une autre nomination, qui sera sujette à la confirmation dudit conseil.

Achat des approvisionnements. — Le surintendant près de la fin de
chaque mois fera une estimation détaillée des provisions nécessaires
pour le mois suivant ; et ce sera le devoir du conseil d'administrateurs
de solliciter la concurrence des marchands pour l'achat des marchan-
dises demandées, par publication et autrement ; et dans ce but ils
tiendront l'estimation ouverte à l'inspection du public, et ils se préoc-
cuperont des offres et de l'achat des articles, et essaieront de les
obtenir au plus bas prix public. Le surintendant fera et mettra en
liasse avec le conseil, à chaque séance régulière, un compte de tout
l'argent payé et les dépenses pour chaque interné après le dernier
rapport, indiquant les comtés auxquels les internés appartiennent et
la somme à payer par chaque comté. Ces comptes seront mis en liasse
par le trésorier de l'Etat, qui les portera au débit du comté, et il recouvrera le montant dudit comté à chaque règlement des comptes par
l'intermédiaire du trésorier du comté ; et cet argent sera versé aux
fonds généraux de la caisse de l'État. Le surintendant aussi, à chaque
séance régulière, fera et mettra en liasse au conseil un rapport complet et détaillé de tout l'argent reçu après le dernier rapport, de la
vente des peaux, suifs, produits de la ferme et du jardin, des fleurs
et de tous les autres produits, donnant date de l'affaire et de qui l'argent fut reçu. Le surintendant versera la somme immédiatement au
trésorier de l'institution, qui lui donnera un reçu et paiera la somme
au trésorier de l'Etat qui lui donnera son reçu ; celui-ci mettra la
somme dans les fonds généraux de la caisse ; et tout l'argent payé
pour l'institution, excepté les allocations, sera toujours versé au trésorier de l'État qui le mettra dans les fonds généraux de la caisse de
l'Etat.

Dépenses. Rapports. Népotisme défendu. — Le conseil d'administrateurs aura le pouvoir de faire des allocations pour payer les
sommes autorisées par la loi pour l'amélioration, préservation et entretien de l'institution, le terrain et la propriété, pour les dépenses
et pour les traitements des employés ; et ces allocations seront faites

sur un compte détaillé du surintendant en indiquant le besoin ; et tous les paiements ne seront faits que sur des ordres au trésorier de l'institution de la manière prévue dans cette loi. Chaque surintendant fera un rapport au gouverneur à la fin de l'année financière, donnant un compte complet des recettes et paiements pendant l'an passé ; le nombre des pensionnaires reçus, renvoyés et alors restant dans l'institution ; les dépenses par personne pour l'an, les dépenses estimées pour l'année suivante, et tous les renseignements nécessaires pour montrer la condition de l'institution, avec ses recommandations pour l'administration. Le gouverneur transmettra ces rapports à l'Assemblée générale, avec sa communication à chaque séance. Ces rapports indiqueront la somme dépensée pour la réparation des bâtiments dans un compte séparé du compte des dépenses ordinaires de l'institution. Les administrateurs ne nommeront ni ne permettront d'être nommé aucun des membres de leur famille, et ils ne permettront à aucun membre de la famille, à moins que ce ne soit la femme et les enfants des fonctionnaires, du surintendant ou d'un employé, de rester ou d'être entretenu dans l'institution sans payer pour son entretien, à moins que ledit parent soit employé et payé comme employé dans la famille.

Rapports de recettes. — Les conseils d'administrateurs des institutions d'assistance et de correction dans l'Etat, la maison de soldats d'Indiana y comprise, feront leurs rapports détaillés le 30 avril et le 31 octobre de chaque année au gouverneur de l'Etat, montrant tous les gains et les recettes des ventes des produits et d'autres sources à l'exception des allocations de l'Etat, pour la période semestrielle se terminant le 30 avril et le 31 octobre de chaque année.

Paiements à l'État. — Au temps des rapports ci-dessus mentionnés les conseils paieront à la caisse de l'État tout l'argent reçu pendant la période : pourvu que les legs reçus par les conseils et les pensions reçues par les internés de la maison des soldats et payées aux conseils, ne soient pas compris dans ledit rapport, et ne soient pas versés dans la caisse de l'État. Les pensions et les legs resteront à la caisse dudit conseil de la maison. Il ne recevra de l'argent de la caisse de l'État pendant qu'ils se refuseront à remplir les conditions de cette loi.

Reste non dépensé. — Le trésorier de l'État transportera à la caisse générale tout l'argent alloué et non dépensé à la fin de l'année financière, immédiatement avant chaque séance régulière de l'Assemblée générale.

Restrictions imposées aux fonctionnaires. — Il sera illégal pour n'importe quel fonctionnaire d'une institution : président, administrateur, surintendant ou employé, d'avoir aucun intérêt dans un contrat pour l'achat des provisions ou matériaux ou récompenses quels qu'ils soient sur les affaires de l'institution, à l'exception de ses appointements déterminés et alloués par la loi.

Peine. — La personne qui viole toute provision de cette loi sera punie, après sa condamnation, de l'incarcération dans la prison de l'État pendant une période d'au moins six mois et n'excédant pas cinq ans, et sera frappée d'une amende n'excédant pas 5.000 dollars.

Emprunt défendu. — Il sera illégal pour le conseil d'administrateurs d'une institution d'assistance, de science, de réformation, ou d'éducation de l'État, d'emprunter de l'argent sur le crédit de l'État, de faire une dette sur le crédit de l'État, ou de faire des paiements pour améliorations de l'institution, à moins que les emprunts ou paiements ne soient auparavant autorisés par une loi de l'Assemblée générale.

Peine. — Un administrateur ou des administrateurs d'une institution qui violent les provisions de la dernière section seront jugés coupables d'un délit, et sur condamnation ils seront frappés d'une amende d'au moins 500 dollars et ils perdront leurs places; ce renvoi sera compris dans le jugement de la cour.

Les administrateurs d'un asile peuvent autoriser des chemins de fer. Le conseil d'administrateurs est par cette loi autorisé à faire un contrat avec une compagnie de chemin de fer lui permettant de placer une voie sur les terrains de l'asile, la propriété de l'État. Pourvu que le contrat soit rédigé et signé par les parties; et le contrat est mis en liasse chez le secrétaire de l'État. Pourvu que le chemin de fer ait des machines à vapeur et des vagonnets, ou que la voie soit à traction par chevaux, électricité ou câble.

Égouts pour les institutions d'assistance. — Les administrateurs des institutions de l'État (écoles d'aveugles et de sourds-muets, d'idiots, les hôpitaux d'aliénés, et les prisons) sont par ces présentes autorisés à acheter ou prendre à bail droit de passage pour un égout de l'institution avec débouché convenable, à travers les terrains avoisinants; et ils sont autorisés à acheter ou prendre à bail à une compagnie de chemin de fer, société incorporée, ville ou personne un droit de passage à travers ou le long d'une rue, pour un égout, ou autre propriété d'une compagnie, société, ville ou personne, et payer pour cela une somme qu'ils pensent être juste et équitable. Les villes de l'État pourront permettre que l'égout soit rattaché aux égouts desdites villes, d'après les conditions faites avec les représentants des villes et les administrateurs et approuvées du gouverneur.

Achat ou location à bail de terrains. — L'avocat général et les administrateurs des institutions sont autorisés à acheter ou prendre à

bail pour l'institution des terrains contigus n'excédant pas quatre-vingts acres pour la construction de réservoirs et autres moyens propres à se débarrasser des eaux d'égouts.

Condamnation de terrains. — Dans le cas où l'avocat général et les administrateurs d'une institution ne peuvent acheter lesdits terrains ou droits de passage à travers les terrains pour une somme convenable, alors les administrateurs mettront en liasse une pétition à la cour du district du comté dans lequel se trouve l'institution, décrivant pleinement les terrains qu'ils désirent condamner ou acheter ou prendre à bail ; et ils donneront notification de dix jours aux propriétaires de ces terrains ; et là-dessus la cour du district nommera trois commissaires, qui devront être résidents et propriétaires fonciers dans le comté où l'institution est située, et leur donnera un exemplaire certifié de ladite pétition. Là-dessus lesdits commissaires souscriront sous serment une déclaration qu'ils feront fidèlement leur devoir dans la condamnation du droit de passage et des biens immeubles. Les commissaires enverront une notification écrite au propriétaire, locataire ou agent des terrains ou droit de passage, leur donnant notification que dans un délai de cinq jours ils chercheront évidence concernant les terrains ou droit de passage. Dans le cas où le propriétaire n'est pas habitant de l'État d'Indiana, ils lui enverront une notification selon la loi civile dans des cas pareils. Dans le cas où le propriétaire est un enfant ou aliéné, les commissaires donneront une notification à la propre cour ; la cour nommera un tuteur pour l'enfant ou l'aliéné et ledit tuteur après avoir reçu une notification paraîtra pour défendre les intérêts de son pupille. Si l'enfant ou l'aliéné a un tuteur dûment nommé, la notification sera à lui envoyée. Là-dessus les commissaires se mettront à examiner les terrains et ils fixeront le prix de dédommagement qu'ils pensent être juste aux personnes ou sociétés incorporées, qui possèdent les terrains, et ils chercheront évidence concernant la valeur de la propriété en question. Les commissaires rapporteront l'évidence et leur jugement concernant les dommages-intérêts à la cour avec une description des terrains, etc. La cour recevra le rapport et la seule question sera la suffisance des dommages-intérêts. Les parties pourront faire appel à la cour suprême comme dans d'autres cas. L'appel à la cour suprême n'empêchera pas l'usage des terrains par l'institution. La cour du district donnera jugement dans les procédés pour les propriétaires des biens immeubles selon la décision des commissaires ; les administrateurs de l'institution paieront la somme fixée dans le rapport des commissaires et le jugement de la cour de l'allocation pour le maintien de l'institution, et ils rendront compte du paiement au vérificateur de l'État à la fin de l'année fiscale après l'achat ou condamnation. Là-dessus l'État deviendra propriétaire en fief simple du droit de passage et de biens immeubles. Si les propriétaires sur l'offre du paiement indiqué par la cour refusent de céder aux administrateurs de l'institution pour l'emploi de l'État d'Indiana le droit de passage et les biens immeubles, alors la cour du district donnera jugement cédant le titre aux terrains et au droit de passage en fief simple à l'État d'Indiana, et elle nommera un commissaire pour le céder à l'État d'Indiana.

Les dépenses du procès. — Les dépenses dudit procès seront payées par les administrateurs de l'institution sur les sommes allouées à l'institution.

Argent pour l'achat des terrains. — Lorsque l'avocat général et les administrateurs de la dite institution pourront acheter les biens immeubles mentionnés ci-dessus, les administrateurs seront autorisés à payer le prix d'achat sur les sommes allouées à l'usage de ladite institution et à en rendre compte au vérificateur de l'État à la fin de l'année fiscale suivant l'achat

Organisation du conseil (aux hôpitaux près les villes de Logansport, Richemond et Evansville). — Aussitôt que possible après l'annonce faite par le gouverneur qu'un hôpital est complété, les administrateurs se réuniront et s'organiseront pour la nomination d'un président et d'un trésorier. Chaque administrateur donnera une caution de 10.000 dollars avec garant à l'État d'Indiana pour l'accomplissement de ses devoirs, et la caution sera mise en liasse chez le secrétaire de l'État. Le conseil fera ses règlements conformément à cette foi.

Le surintendant-médecin. — Aussitôt que possible le conseil de chaque institution nommera un surintendant-médecin qui sera directeur des affaires, et à qui seront confiés les malades de l'institution. Il sera médecin-chirurgien diplômé, avec de l'expérience dans le traitement des aliénés; et il restera directeur aussi longtemps qu'il est compétent, capable et attentif à ses devoirs, et de bonne réputation. Le conseil devra le congédier s'il manque à remplir ces conditions, et nommer son successeur.

Séances du conseil. — Chaque conseil tiendra une séance à l'hôpital le deuxième mardi après le premier lundi de chaque mois. Chaque membre recevra des appointements annuels de 300 dollars et les dépenses de voyage, qui seront payées tous les trois mois. Le surintendant sera *ex officio* secrétaire du conseil, il assistera aux séances du conseil et donnera ses avis, mais sans voix.

Provisions, matériaux et travail. — Le conseil devra fournir de temps à autre, sur les demandes du surintendant approuvées du conseil, les articles et matériaux nécessaires au maintien et entretien de l'hôpital et des malades, ameublement, combustible, éclairage, vêtements, remèdes requis pour l'amélioration du corps et de l'esprit des malades, et les matériaux et le travail pour la réparation et l'amélioration des bâtiments, jusqu'à concurrence de la somme allouée par l'Assemblée générale. Les achats seront faits par enchère et les articles demandés devront être de la meilleure qualité. Le conseil devra fournir le logement, la nourriture, le chauffage et l'éclairage à tous les employés, à moins qu'il en soit autrement décidé. Ce sera le devoir du conseil de fixer et faire les paiements pour tous les fonctionnaires et employés, et de prescrire le nombre des employés. Le traitement annuel du surintendant n'excédera pas 2000 dollars.

Comptabilité. — Tous les comptes seront vérifiés par le conseil à ses séances régulières. Chaque compte sera certifié en double par l'ayant droit, par l'économe et par le médecin-directeur ; et lorsqu'il sera alloué par le conseil, signé par le président du conseil et scellé du sceau de l'hôpital, il constituera une pièce justificative. Le conseil enverra une liste des comptes alloués au vérificateur de l'Etat, montrant le nombre, les noms des ayants droit, le but, et le montant de chaque compte ; le vérificateur donnera mandat au trésorier de l'Etat pour le paiement de la somme au trésorier de l'hôpital, et ledit trésorier de l'hôpital paiera les comptés sur les pièces justificatives.

Les administrateurs doivent être désintéressés. — Nul conseiller ne sera intéressé directement ni indirectement dans l'achat ou la vente des provisions ou matériaux pour un hôpital d'aliénés, ou dans le service et travail des employés ou internés.

Les registres. — Un registre destiné aux procès-verbaux du conseil sera tenu par le secrétaire ; il sera signé par le président et approuvé par le conseil. Le conseil exigera du surintendant de faire tenir des comptes en partie double, montrant l'actif, les recettes, déboursements et le passif de l'hôpital en détail ; on tiendra aussi un registre de l'hôpital montrant les noms, date d'admission, comté, adresse d'un correspondant demeurant à proximité, sexe, âge, couleur, poids, cicatrices ou difformités, lieu natal, occupation, condition civile, condition physiologique à l'admission, état psychique, date de renvoi, date et cause directe de mort, diagnose de chaque malade admis ; on tiendra aussi un registre des malades contenant l'histoire de chaque malade dans l'hôpital, montrant la condition, le traitement et le résultat, mentionnant spécialement les accidents et les contraintes de n'importe quelle sorte. Le conseil examinera les livres à chaque séance régulière.

Rapport du surintendant. — Le conseil exigera du surintendant de faire un rapport à chaque séance régulière sur le nombre des malades dans l'hôpital au commencement du mois passé, sur le nombre reçu pendant le mois, celui des congédiés et décédés, la condition de chaque malade et le diagnostic antérieur, et le nombre restant à la fin du mois ; le surintendant fera aussi un rapport concernant les changements de fonctionnaires et employés et concernant tous les besoins de l'hôpital ; et un rapport des approvisionnements, les catégories, qualités, et quantité en réserve ; et un rapport des revenus en argent ou en nature des achats ou des dons. L'argent sera reçu par le trésorier et sera versé au trésorier de l'Etat et mis dans les fonds généraux. Là-dessus le trésorier du conseil recevra un reçu qui sera mis en liasse dans le bureau de l'hôpital, et le surintendant devra faire réquisition pour les appointements de toutes sortes dont l'institution a besoin pour le mois suivant.

Rapport bisannuel. — A la fin de chaque an fiscal, avant la séance régulière de l'Assemblée générale, le conseil demandera du surintendant à faire un rapport montrant pleinement l'histoire médicale, générale et financière de l'hôpital pendant la période bisannuelle précédente, ses besoins pour les deux années suivantes, et les autres renseignements qu'il pense être nécessaires. Ledit rapport contiendra un résumé des rapports médicaux, une liste de l'actif, des pièces justificatives avec les noms, objets et sommes, et des comptes qui ne sont pas réglés.

Règlements. Surveillance. — Ce sera le devoir du conseil de considérer et confirmer ou rejeter les règlements de l'hôpital qui lui sont soumis par le surintendant de temps à autre ; de visiter et examiner chaque partie et chaque malade de l'hôpital, au moins une fois chaque mois, d'écouter les plaintes des malades, et inscrire dans les registres des administrateurs un rapport détaillé de l'examen écrit et soussigné par un membre du conseil, avec les appréciations qu'il pense nécessaires ou utiles.

Rapport des administrateurs. — Après le reçu du rapport bisannuel du surintendant médical, le conseil fera un rapport donnant ses avis sur l'hôpital et son fonctionnement pendant la période bisannuelle, avec les recommandations qu'il pense nécessaires, et enverra ses rapports au Gouverneur le 1er décembre avant chaque séance régulière de l'Assemblée générale.

Fonctionnaires et leurs aides. — Le surintendant médical sera le fonctionnaire médical en chef et aussi le directeur général de l'institution ; il aura le soin médical immédiat des malades, et il sera administrateur de l'hôpital et de sa propriété, et de ses internés ; il sera responsable envers le conseil des administrateurs, et par conséquent il choisira et emploiera les médecins pour aides, les commis, gardes-malades, artisans et domestiques qu'il pense être nécessaires pour le mettre à même de remplir ses devoirs ; et il fera les règlemonts de leur conduite et de l'administration de l'hôpital selon cette loi et avec la connaissance et le consentement du conseil des administrateurs. Si le conseil rejette une nomination, ce rejet constituera une vacance, et là-dessus le surintendant proposera d'autres nominations jusqu'à ce que le consentement du conseil soit donné.

Renvoi des malades. — Le surintendant médical pourra renvoyer un malade quand il pensera que les conditions physiologiques et psychiques le justifient, et il pourra renvoyer temporairement des malades et les diriger sur leurs foyers quand il pensera que c'est pour leur avantage ; mais il devra retenir à l'hôpital les malades qu'il pense ne pas devoir être en liberté ou qui demandent des soins médicaux spéciaux : pourvu que le droit de mandat d'*habeas corpus* ne soit pas refusé.

ART. 4. — LES AVEUGLES

Rapport des dépenses. — Les administrateurs de l'Institut d'Indiana pour l'éducation des aveugles feront ci-après dans chaque rapport régulier à l'Assemblée générale, selon la loi qui a créé l'institution, une estimation de la somme nécessaire pour payer les dépenses de l'établissement pendant les deux années suivantes pour les appointements des fonctionnaires résidant dans l'institution, pour les dépenses de pension des fonctionnaires et des élèves, pour l'ameublement de la maison, pour l'appareil et les livres de l'école, etc., pour le travail, pour les améliorations, et pour tous les autres objets nécessaires.

Allocation. — L'Assemblée générale allouera la somme trouvée nécessaire pour les objets mentionnés ci-dessus, laquelle devra être payée sur la caisse.

Devoirs et caution du surintendant. — Le surintendant de l'instruction achètera les approvisionnements selon les règlements mentionnés ci-après, et paiera les appointements et les salaires, directement ou par l'entremise de ses aides; il donnera caution d'une somme de 5.000 dollars pour l'accomplissement fidèle de ses devoirs, et sa caution sera déposée chez le trésorier de l'État.

Comment retirer l'argent. — L'argent alloué à l'institution sera sujet à l'ordre des administrateurs, et pourra être retiré de la caisse de l'État, sur le mandat du vérificateur de l'État, sur le mandat du conseil vérifié par son secrétaire, et mis en liasse chez le trésorier qui paiera sur le mandat du conseil, et les mandats seront retenus par lui comme pièces justificatives.

Dépenses et comptes. — Le système de comptabilité sera le suivant :

1° Pour payer les dépenses courantes, les administrateurs paieront au surintendant une somme qui ne dépassera 500 dollars, et ils recevront un reçu.

2° Avec cet argent il paiera tous les petits achats, les salaires des domestiques, etc., et donnera un compte détaillé avec pièces justificatives, si c'est possible, aux administrateurs à la séance mensuelle.

3° Les administrateurs examineront le compte, et, s'il est approuvé, donneront mandat au trésorier pour le payer, et le surintendant recevra la somme nécessaire aux dépenses du mois suivant.

4° Toutes les fois qu'il aura besoin d'ameublement, appareil, travail, matériaux, etc., qui ne sont pas du domaine des petites dépenses, le surintendant pourra notifier les administrateurs et ils pourront l'autoriser à faire ces dépenses; mais il ne pourra pas faire d'achats de cette catégorie sans l'autorité du conseil.

5° Tous les comptes remis seront examinés et certifiés par le surintendant, soumis au conseil qui donnera ordre au trésorier de leur paiement aux ayants-droit.

6° Pour le paiement des appointements, achats de biens immeubles, etc.; les administrateurs donneront ordre au trésorier du paiement. Les mandats seront mis en liasse à l'institution commes pièces justificatives.

Mandats. — Ces mandats des administrateurs porteront le nom de l'ayant-droit et l'objet de la dépense.

Rapport de dépenses. — Les administrateurs donneront à l'Assemblée générale, dans leurs rapports bisannuels, un résumé des dépenses pour le maintien de l'institution pendant les deux ans passés, selon l'ordre de leurs rapports annuels.

Rapport du trésorier. — Le trésorier ajoutera aux rapports des administrateurs un rapport donnant les noms des personnes auxquelles il a fait des paiements sur l'ordre des administrateurs et les objets des paiements.

Rapport du surintendant. — Le surintendant rapportera les produits du travail des internés, les dépenses pour matériaux, travail, etc.; et les sommes reçues pour les articles vendus.

ART. 5. — SOURDS-MUETS.

Règlements. — Fonctionnaires. — Les administrateurs feront pour l'administration de l'institution tous les règlements nécessaires non pourvus dans la loi, et les donneront dans le rapport prochain fait à l'Assemblée générale ; et toutes les fois qu'il y aura une vacance ils choisiront un surintendant, médecin, médecin-adjoint, surveillante, instituteurs et économe, qui tiendront leurs places aussi longtemps qu'il plaira aux administrateurs, et recevront les appointements fixés par les administrateurs. Le conseil rapportera le montant des appointements à l'Assemblée générale.

Nomination d'aides. — Le surintendant nommera les médecins, surveillantes, instituteurs et économe lorsqu'il y aura vacance ; et si les administrateurs refusent de confirmer les nominations, le gouverneur nommera ; et si les administrateurs refusent de confirmer ses nominations, le secrétaire, le vérificateur et le trésorier de l'État, avec les administrateurs, feront les nominations.

Travail des ouvriers. — Le surintendant pourra nommer les ouvriers nécessaires pour l'administration de l'institution, l'amélioration des bâtiments, et la culture des terrains ; et il rapportera ses nominations aux administrateurs à leur prochaine séance. Si les administrateurs refusent de ratifier ses procédés, le surintendant congédiera les personnes nommées et fera cesser les améliorations et la culture à moins que les administrateurs en décident autrement.

Dépenses des bâtiments. — Les dépenses pour les bâtiments devront être approuvées par le conseil des administrateurs, par le gouverneur, secrétaire, vérificateur et trésorier de l'État ou par une majorité de ces fonctionnaires.

Rapport du surintendant. — Le surintendant donnera au conseil des administrateurs à chaque séance de l'Assemblée générale un rapport détaillé du nombre des élèves admis dans l'institution ; leurs résidences, le nombre des élèves qui payent et qui ne payent pas ; leurs rangs dans les cours d'enseignement ; le nombre d'ouvriers et leurs salaires, les sortes d'améliorations et les dépenses approuvées par les fonctionnaires ; les dépenses d'institution pour tous les objets pendant l'année passée, appointements du surintendant, surveillante, médecins, instituteurs et institutrices, économe, matériaux pour les bâtiments, approvisionnements, vêtements, combustible, et une estimation des dépenses de l'institution jusqu'à la séance suivante de l'Assemblée générale. Ce rapport sera incorporé dans le rapport des administrateurs.

Caution de l'économe. — L'économe, avant qu'il entre en fonction, donnera caution à l'État d'une somme approuvée par le vérificateur de l'État, pour l'accomplissement de ses devoirs officiels. La caution sera déposée et gardée dans le bureau du vérificateur.

Devoirs et rapports de l'économe. — L'économe accomplira ses fonctions sous la direction du surintendant qui examinera tous les comptes fournis par l'économe, et le vérificateur ne recevra les comptes qu'après l'approbation endossée du surintendant.

Livre d'allocations. Rapport d'économe. — Le vérificateur tiendra un livre dans lequel il inscrira toutes les allocations et les transactions, et les noms des administrateurs les votant ; et l'économe enverra un rapport trimestriel détaillé au vérificateur de toutes les dépenses de ces trois mois, leurs objets; il signera le rapport sous serment et fournira les pièces justificatives. Ce rapport sera soumis au comité financier de l'Assemblée générale.

Rapport deux fois par an. — Le surintendant fera un rapport sous serment au vérificateur deux fois par an, des personnes qui ont reçu l'argent alloué, et les objets. Ce rapport sera délivré au comité financier à la séance suivante de l'Assemblée générale.

Allocations. — Si le gouverneur, le trésorier et le secrétaire ne donnent pas leur décision dans un délai de trois jours après avoir reçu la notification du vérificateur, au sujet de l'estimation des dépenses pour l'avenir soumises par le surintendant ou économe, alors le vérificateur, s'il pense que les dépenses sont nécessaires, donnera ordre pour le paiement.

Caution du surintendant. — Le surintendant donnera caution à l'État, dans une certaine somme et avec garantie approuvée par le vérificateur de l'État pour l'accomplissement fidèle de ses fonctions, et cette caution sera déposée et gardée dans le bureau du vérificateur. Et si la somme ou sa garantie devient, pour n'importe quelle cause, insuffisante, le vérificateur exigera du surintendant une caution plus élevée ou une garantie suffisante; et si ladite caution n'est pas donnée, le conseil des administrateurs congédiera le surintendant.

Caution de l'économe. — Le vérificateur pourra exiger une caution plus grande avec garantie; si l'économe ne donne pas cette caution et sa garantie le conseil des administrateurs le congédiera.

Rapports à l'Assemblée générale. — Le conseil des administrateurs fera un rapport à chaque séance régulière de l'Assemblée générale sur la condition de l'institution. Il fera imprimer 5.000 exemplaires du rapport, dont 3.000 seront pour l'Assemblée générale et 2.000 à la discrétion du surintendant.

Allocations. — L'Assemblée générale allouera à chaque séance régulière une somme suffisante pour payer les dépenses de l'institution jusqu'à la séance régulière suivante.

Les doctrines des sectes religieuses ne seront pas enseignées aux élèves dans l'institution.

Dépenses pour vêtements. — Seulement dans les cas d'indigence extrême on pourra donner des vêtements à un élève de l'institution, et alors le surintendant en enverra un compte au vérificateur du comté ou réside l'élève; et ledit vérificateur donnera ordre au trésorier dudit comté de payer le compte; et le trésorier enverra de suite le compte au trésorier de l'État. Le vérificateur présentera le compte au conseil des commissaires du comté à la séance suivante. A moins que le conseil ne pense que l'élève où ses parents ou tuteur ne puissent payer le compte, le vérificateur, sur son ordre, percevra le compte avec 10 p. 100 en plus.

. Des élèves qui viennent d'autres États peuvent être admis dans l'institution sur le paiement d'une somme que le conseil pense suffisante pour payer les dépenses de leur pension.

Tous les sourds-muets habitant l'État auront le droit d'être instruits gratuitement dans l'institution d'après les règlements du conseil concernant l'âge, la capacité, le caractère et l'assistance exacte.

Les administrateurs devront expulser de l'institution un élève dont le séjour y peut être préjudiciable.

. Les administrateurs sont autorisés à vendre une partie des terrains de l'institution pour les sourds muets.

ART. 6. — ENFANTS IDIOTS.

Ecole. — Il sera fondé et maintenu dans cet Etat, près la ville Fortwayne dans le comté d'Allen, une institution qui s'appellera l'Ecole d'Indiana pour les Enfants Idiots. L'administration de cette institution sera confiée à un conseil de trois membres nommés par le gouverneur de l'Etat. Ce conseil sera un corps politique et incorporé, et pourra poursuivre ou être poursuivi dans les cours de l'Etat. Un membre du conseil sera une femme. Les deux autres membres seront votants de cet Etat, et chacun devra être membre d'un parti politique différent, mais tous deux adhérents aux deux partis ayant le plus grand nombre de votants à la dernière élection générale. Les premiers membres de ce conseil seront nommés immédiatement après que cette loi aura pris effet. Chaque membre dudit conseil restera en fonction quatre ans et jusqu'à ce que son successeur soit nommé. Pourvu qu'un des membres masculins, qui sera désigné par le gouverneur, au temps de sa nomination, ne serve que deux ans, et jusqu'à ce que son successeur soit nommé; pourvu, aussi, qu'un membre du dit conseil puisse être par le gouverneur congédié n'importe quand pour une cause mentionnée dans l'ordre du gouverneur. Le gouverneur remplira une vacance immédiatement et le membre nommé à la place vacante ne restera que pendant la période inexpirée, mais il sera éligible par une autre nomination. Chaque administrateur avant qu'il entre en fonction devra promettre par serment de remplir fidèlement ses devoirs. Chaque administrateur sera payé 500 dollars par an pendant les deux premières années et 300 dollars par an subséquemment. Les appointements seront payés tous les trois mois par la caisse de l'Etat, pour les services et pour les dépenses de voyage.

Fonctionnaires. Appointements. Caution du trésorier. — Les administrateurs choisiront un membre comme président, un autre comme trésorier. Le secrétaire pourra être membre du conseil ou non. Le secrétaire tiendra, dans un registre *ad hoc*, un compte rendu complet de toutes les transactions du conseil. Le trésorier déposera au bureau du vérificateur de l'Etat une caution, payable à l'Etat d'Indiana, d'une certaine somme et avec la garantie exigée par le vérificateur, pour le paiement de tout l'argent qui lui sera confié.

But de l'institution. — Le but de cette institution sera de soigner, entretenir, élever et instruire des enfants idiots, compris les idiots, épileptiques et paralytiques.

Sections. — L'institution aura deux sections distinctes : l'une industrielle, l'autre pour garder les internés. Dans la section industrielle seront placés les enfants éducables qui recevront l'enseignement semblable à celui des écoles publiques avec éducation dans son métier. Le but de cette éducation est de rendre l'élève capable de se soutenir et se maîtriser. L'autre section sera un asile pour les enfants idiots, épileptiques, inéducables. Dans cette section le but est de donner des soins au développement du corps et de l'esprit.

Le surintendant. — Le conseil nommera un surintendant pour trois ans. Il devra avoir de l'expérience dans les soins à donner aux enfants idiots. Ce sera son devoir d'administrer les affaires de l'asile et la comptabilité. Il donnera caution à l'État d'Indiana de la somme demandée par les administrateurs pour assurer l'accomplissement fidèle de ses fonctions. Il recevra des appointements de 1.500 dollars en paiements trimestriels. Le surintendant, qui doit être expert dans l'éducation des enfants idiots, aura soin du traitement du corps et de l'esprit de ces enfants. Il fera des rapports trimestriels au conseil, et le conseil aura l'autorité de le congédier sur l'approbation du gouverneur.

Instituteur et institutrice. — Le surintendant nommera un directeur et une surveillante générale, avec l'approbation du conseil, et il nommera les institutrices et les employés. Le surveillant et le directeur doivent être des personnes ayant de l'expérience dans les soins à donner aux enfants idiots.

Devoirs du directeur. Appointements. — Le directeur, sous les ordres du surintendant, dirigera l'enseignement des élèves, et le surintendant pourra le congédier. Il recevra des appointements de 750 dollars en paiements trimestriels.

La surveillante, sous les ordres du surintendant, aura le soin des affaires intérieures de l'institution. Le surintendant pourra la congédier. Ses appointements annuels seront de 500 dollars en paiements trimestriels.

Appointements. — Ce sera le devoir du conseil de l'Ecole d'Indiana pour les enfants idiots, d'établir le nombre et les qualités des fonctionnaires, médecins, instituteurs, employés, domestiques, artisans et ouvriers qui seront employés par le surintendant de l'Ecole, d'après la loi ; et ce sera le devoir du conseil de déterminer les appointements du surintendant et de tous les autres fonctionnaires et employés de l'Ecole.

Admission à l'Ecole. — Des enfants ayant moins de seize ans révolus, idiots, épileptiques et paralytiques pourront être admis à l'Ecole, sur la demande : 1° du père, si le père et la mère vivent ensemble ; 2° si le père et la mère n'habitent pas la même maison, alors le parent qui a le soin de l'enfant peut faire la demande ; 3° le tuteur dûment nommé ; 4° le surintendant d'un asile d'un comté ou la surveillante d'un orphelinat de comté ; 5° le directeur d'une institution où des enfants sont reçus. Dans les troisième, quatrième et cinquième cas le consentement des parents, s'il y en a, n'est pas nécessaire. Le conseil d'administrateurs fera les règlements. Ce sera le devoir du conseil de consacrer une partie de l'institution à la garde des femmes adultes qui seront confiées à l'institution selon les prévisions de cette loi. Toute personne pourra mettre en liasse dans le bureau du secrétaire du comté une pétition vérifiée, constatant qu'une femme (donnant son nom) du comté n'est pas convenablement soignée ; que cette femme est idiote, et qu'elle a plus de seize ans révolus et n'a pas plus de quarante-cinq ans ; qu'elle n'est pas aliénée, ni enceinte ; qu'elle est en bonne santé ; qu'elle n'est pas affligée d'une maladie contagieuse ou chronique ; qu'elle habite légalement l'Etat et le comté où l'application est mise en liasse avec les autres renseignements nécessaires. Après que ladite pétition a été mise en liasse le secrétaire de la cour enverra une notification à la personne nommée dans la pétition, lui enjoignant de comparaître devant la cour dans un délai de dix jours, et il notifiera le juge de la cour. Le juge devra examiner les témoins, y compris un médecin, concernant le bien ou mal fondé de la pétition. Si le juge trouve que la femme doit être envoyée à l'institution, ce sera son devoir de donner ordre qu'elle y soit envoyée. Alors le secrétaire de la cour fera une copie de la pétition et du jugement de la cour et les transmettra au surintendant de l'institution, à Fortwayn (Indiana). Dans le cas où le juge trouverait que la pétition est fondée, les dépenses du procès seront payées par les commissaires du comté ; mais si le juge trouve que la pétition est mal fondée, le pétitionnaire paiera les dépenses.

Notification au secrétaire. — Sur l'ordre de réception de la femme idiote, ce sera le devoir du surintendant de suite, s'il y a de la place dans l'institution, de notifier le secrétaire de la cour que la femme sera reçue quand elle sera conduite à l'institution. Le surintendant devra envoyer une liste des vêtements prescrits par le conseil des administrateurs de l'Ecole, et une formule de certificat de santé. Le secrétaire procurera les vêtements et donnera ordre au shérif du comté de transporter la personne et les vêtements à ladite institution. Le secrétaire donnera ordre au vérificateur du comté de payer le prix des vêtements, prix qui ne devra pas excéder 20 dollars, et le transport. Les commissaires du comté doivent payer les dépenses comme pour les aliénés.

Femme, compagne. — Le shérif du comté doit choisir une femme pour amener la femme idiote à l'institution, ou deux femmes, s'il est nécessaire. Les dépenses de transport ne seront payées qu'après certificat du surintendant de l'Ecole que la femme idiote a été amenée à l'institution par la femme ou les femmes nommées.

Allocation. — Pour l'objet de cette loi la somme de 40 000 dollars, ou la fraction nécessaire, sera allouée.

Formule de demande. — La formule de demande pour l'admission dans l'Ecole sera prescrite par les administrateurs, et la demande sera accompagnée par des réponses faites sous serment aux questions posées par le conseil.

Rapport trimestriel. — Immédiatement après l'admission d'un élève le surintendant fera faire une description de l'enfant, donnant sa condition. L'instituteur principal, le 1er juillet de chaque année et ci-après chaque trimestre, fera un rapport écrit sur chaque enfant, montrant l'amélioration de l'enfant. Ce rapport sera à la disposition du public, mais ne continuera pas plus de deux ans, si l'enfant reste aussi longtemps dans l'école.

Catégories d'idiots. — Les administrateurs devront faire des provisions pour la séparation entière entre les idiots de la catégorie la plus basse et les autres, et les épileptiques seront séparés autant que possible.

Elèves payants. — Les parents qui veulent envoyer un enfant à l'Ecole et payer les dépenses, et pourvoir aux frais d'un assistant pourront le faire selon les règlements prescrits par le surintendant et approuvés par les administrateurs. Les adultes pourront être admis, dans les mêmes conditions.

Le gouverneur est autorisé à nommer trois administrateurs qui serviront jusqu'au premier avril, et alors les nominations seront faites selon la section 2.

Les parents ou tuteurs d'enfants qui peuvent le faire devront payer en avance 150 dollars par an trimestriellement, et pourvoir aux vêtements nécessaires ; ou donner une somme approuvée par le conseil après qu'ils auront fait une enquête sur la condition financière de la famille.

Les dépenses, de transport d'un asile seront payées par les commissaires du comté d'où l'enfant est envoyé ; dans d'autres cas par le postulant.

Une section autorise l'achat de terrain et la construction des bâtiments pour l'institution, alloue 50,000 dollars et fixe la méthode de payer les dépenses.

Les administrateurs devront s'assembler au moins chaque mois a l'École. Deux membres sont nécessaires pour former un *quorum*. Le conseil pourra faire les ordres et règlements nécessaires à l'exécution de cette loi. Le 31 octobre de chaque année, les administrateurs feront un rapport détaillé de leurs transactions, de la condition de l'Ecole, des recettes et dépenses, du nombre d'employés et de leurs devoirs, du nombre d'élèves avec leur âge et sexe, les méthodes d'enseignement, et ils feront leurs recommandations. Le rapport sera mis en liasse chez le secrétaire de l'Etat et imprimé pour informer le public.

Inéligibilité. — Un administrateur du conseil ne sera pas éligible à un autre emploi dans l'institution, et un administrateur, fonctionnaire ou employé de l'institution ne devra pas avoir un intérêt financier dans un contrat concernant un bâtiment, des terrains, matériaux et approvisionnements pour l'Ecole.

Dons et legs. — Le conseil pourra recevoir, pour l'usage de l'institution, des dons, legs, biens meubles et immeubles.

Assurance et protection contre l'incendie. — Les administrateurs devront faire assurer toute la propriété de l'institution qui est exposée à l'incendie par une compagnie d'assurance honorable ; et ils pourvoiront à ce que les appareils pour prévenir et éteindre l'incendie soient maintenus en bon état, et qu'il y ait des appareils de sauvetage appropriés.

Demande d'admission. — Le conseil recevra comme élèves de l'École d'idiots des habitants de cet État n'ayant dix-huit ans, qui ne sont pas capables de recevoir l'enseignement dans les écoles gratuites de cet État. Le conseil exigera des postulants à remplir sous serment des formules de demande pour l'admission. Des renseignements imprimés devront être fournis aux postulants. La demande pour l'admission d'un élève doit être approuvée par le conseil des commissaires du comté où réside le postulant.

Devoirs des commissaires du comté. — Le conseil des commissaires d'un comté, en approuvant une demande pour l'admission d'une personne comme élève de l'École, devra constater si oui ou non l'enfant a les moyens de payer ses dépenses, ou a des parents pour l'aider. Si l'enfant, ses parents ou son tuteur ne peuvent payer qu'une partie des dépenses, alors les parents ou tuteurs constateront sous serment la somme qu'ils peuvent payer. Le conseil exigera que la propriété de l'enfant, ou de ses parents, paie selon sa valeur, comme condition d'admission dans l'École. Le conseil aura l'autorité de charger la somme à payer selon les renseignements obtenus sur les biens. Le surintendant recevra les paiements des parents ou tuteurs, en rendra compte au conseil, et les versera au Trésor pour les dépenses courantes de l'institution. A la fin de chaque mois le surintendant donnera au trésorier du conseil un certificat montrant le nombre des élèves, fonctionnaires et employés de l'institution pendant le mois ; et sur ce certificat le trésorier inscrira son compte, montrant l'excédent, s'il y en a, de l'argent reçu pour les dépenses courantes et pas encore payées ou qu'il faudra payer pour les dépenses de l'École sur contrat. Après la présentation de ce certificat avec l'endossement au vérificateur de l'État, celui-ci donnera un mandat au trésorier de l'État pour payer au trésorier du conseil la somme de 15 dollars par mois pour chaque élève de l'institution, comme indiqué par le certificat du mois précédent, moins le montant d'excédent endossé ; et cette somme sera prise sur la caisse de l'État pour les appointements des fonctionnaires et employés, excepté le surintendant et les administrateurs. (Une allocation de 3.000 dollars était faite pour régler les dépenses des deux premières années. Provisions temporaires jusqu'à ce que les bâtiments de l'École soient complétés).

Les administrateurs peuvent congédier un élève quand sa présence à l'École est désavantageuse aux intérêts de l'École.

Ce sera le devoir des administrateurs et du surintendant de préparer les élèves, le plus possible, pour qu'ils soient dans la possibilité de se soutenir et d'améliorer leur condition par une éducation du corps et de l'esprit.

Le surintendant, d'après les règlements des administrateurs, aura la direction de l'École. Après l'approbation du conseil, il nommera et emploiera les instituteurs et institutrices, médecins, domestiques et ouvriers.

Employés. — Nul individu sera nommé pour des raisons politiques, mais seulement pour ses capacités. Pourvu que, parmi les candidats qualifiés, on donne la préférence aux soldats vétérans de la guerre civile des États-Unis. Le surintendant pourra congédier un employé à sa discrétion en donnant un rapport au conseil à la séance suivante. Les opinions politiques d'un employé ne seront pas prises en considération.

Achat d'approvisionnements. — Paiement des salaires. Le surintendant achètera tous les articles pour l'usage de l'institution au meilleur marché possible. Il tiendra des comptes et fera un rapport mensuel au conseil. Le conseil examinera ses comptes et écrira son approbation ou sa désapprobation dans les livres de comptes. Le 31 octobre de chaque année le surintendant fera un rapport au conseil concernant la condition de l'institution avec ses recommandations.

Art. 7. — Emploi d'élèves.

Le travail des élèves des institutions de l'État ne sera pas loué sur ontrat.

Enseignement industriel. — Ce sera le devoir des surintendants des écoles pour sourds-muets, aveuglés et idiots, selon les règlements des conseils, de faire des provisions pour l'éducation industrielle des élèves, comme pour l'enseignement ordinaire.

L'enseignement industriel aura pour but la préparation des élèves à se soutenir par leur travail ; le profit de leur travail sera une considération secondaire.

Les dépenses de l'enseignement industriel seront payées sur les fonds ordinaires, à l'exception mentionnée ci-dessous.

Matériaux. — Les objets faits dans les écoles ne seront pas vendus à un prix plus bas que le prix courant. Si les autres institutions de l'État ont besoin de ces articles elles achèteront au prix ordinaire.

Le surintendant versera l'argent reçu pour les articles vendus, au trésorier de l'État, et cet argent sera placé au crédit de l'institution pour ses dépenses.

(Une allocation de 13.000 dollars a été faite pour les matériaux, outils, machines, etc., des écoles industrielles dans les institutions pour les sourds-muets, les aveugles et les idiots.)

Art. 8.

(Une loi spéciale de l'Assemblée générale de l'an 1887 autorisant et créant l'établissement d'une institution pour les orphelins de soldats et marins vétérans des États-Unis).

Le Village d'Indiana pour les Épileptiques.
(Loi de l'an 1905, chap 159.)

Loi autorisant et pourvoyant à l'établissement et l'organisation d'un village d'Indiana pour les épileptiques, affectant des appropriations dans ce but en définissant les objets et les méthodes, et faisant déclaration d'urgence. Approuvée le 6 mars 1905.

Section première. — Il est ordonné par l'Assemblée générale que :

Il sera établi dans cet État un village pour les épileptiques, dont l'objet sera le traitement scientifique, l'emploi et la garde des épileptiques, et ce village sera connu comme le village d'Indiana pour les épileptiques. En fondant cette institution, l'Assemblée générale reconnaît le devoir de l'État de pourvoir des soins convenables tous les individus qui sont actuellement ou qui deviendront atteints de la maladie de l'épilepsie.

Section II. — Le gouverneur, dans un délai de quatre-vingt-dix jours après que cette loi portera effet, nommera trois commissaires, citoyens de l'État, dont pas plus que deux seront membres du même parti politique, qui constitueront une commission pour choisir un emplacement pour acheter le terrain pour l'établissement dudit village d'épileptiques, et le choix pourra être fait à la majorité des membres. En considérant le choix d'un emplacement les commissaires auront égard à l'objet mentionné ci-dessus, et aussi aux avantages naturels du site pour les diverses formes d'agriculture, briquetage si possible, drainage suffisant et convenable des eaux, chemin de fer, tous les bâtiments nécessaires, et en général convenables pour la fondation d'un village modèle pour épileptiques. Les commissaires ne tiendront pas compte de l'offre de terrain, de l'argent ou de l'autre motif en décidant le choix d'un emplacement du village proposé dans cette loi. Les commissaires recevront 5 dollars par jour et leurs dépenses de voyages pendant la période de leur service jusqu'au temps de l'achat du terrain, qui aura lieu dans un délai d'une année après la promulgation de la loi.

Section III. — Les commissaires n'achèteront pas moins de 1.000 « acres » du terrain pour le village des épileptiques ; le droit au terrain devra être en due forme, sera approuvé du procureur général, et sera fait au nom de l'État d'Indiana.

Section IV. — Après que le terrain aura été acheté, le gouverneur nommera un conseil d'administration composé de trois membres, dont pas plus de deux seront du même parti politique, à qui seront confiés l'administration et le contrôle du village des épileptiques. Le terme de service pour l'un sera d'une année, d'un autre de deux années, et du troisième de trois années, le terme étant fixé par le gouverneur en les nommant ; et à l'expiration du terme de service de chaque membre du conseil, son successeur sera nommé dans la manière et par l'autorité ci-dessus mentionnés pour le terme de trois ans. Quand il se trouvera une vacance dans le conseil autrement que par l'expiration du terme de service de l'un des membres, ladite vacance sera remplie par la nomination du gouverneur pour le terme courant. Il est pourvu par ces présentes que le gouverneur pourra révoquer un conseiller pour mauvaise conduite ou pour négligence de ses devoirs, après avoir été entendu sur les accusations contre lui formulées. Chaque conseiller recevra 400 dollars par an pour son service, et les dépenses raisonnables de voyages et de bureau. Ces dépenses étant payées de la même manière que les autres dépenses de l'institution.

Section V. — Les conseillers choisiront de suite un surintendant, qui sera médecin-chirurgien et qualifié pour cet emploi, qui ait déjà occupé un emploi de médecin-chirurgien dans une institution semblable ou dans une institution d'aliénés, et qui aura aussi les fonctions d'ingénieur médical pour la construction et le développement du village pourvu dans cette loi.

Section VI. — Le surintendant sera le directeur en chef du village, et il aura le soin et le contrôle de toute chose s'y rattachant, d'après les règles et règlements établis par les conseillers. Il veillera à ce que les fonctionnaires et employés de l'institution remplissent leurs devoirs fidèlement et diligemment. Il choisira les fonctionnaires et les employés ci-dessus d'après les règles et les règlements ci-dessus mentionnés, et il peut leur assigner leurs devoirs, et pourra à son gré les congédier.

Section VII. — Les relations de partis politiques ne seront pas considérées dans le choix ou le renvoi d'un fonctionnaire ou d'un employé, et les membres du conseil ne solliciteront pas du surintendant la nomination d'une personne à un emploi. Les appointements de tous les fonctionnaires et employés seront fixés par le conseil.

Section VIII. — Les conseillers obtiendront promptement un plan, qui sera accepté par les conseillers à la majorité, et par le surintendant, et ils construiront et équiperont convenablement les bâtiments nécessaires pour le village des épileptiques. Le plan tiendra compte des meilleures idées concernant la construction et la sanitation. Tous les plans, avant leur acception, seront soumis au Conseil d'assistance de l'État pour obtenir sa recommandation.

Section IX. — Après les annonces convenables de mise à l'entreprise, un contrat de construction et d'équipement des bâtiments sera adjugé aux meilleurs enchérisseurs dont l'offre est la plus basse. L'enchérisseur qui réussit donnera une caution suffisante à la satisfaction du conseil et du gouverneur.

Section X. — Sont appropriés par ces présentes des fonds non autrement appropriés et se montant au plus à 150,000 dollars, pour acheter le terrain, construire et équiper les bâtiments autorisés par cette loi.

Section XI. — Lorsque l'institution sera suffisamment aménagée pour employer le travail d'épileptiques, le conseil est autorisé à recevoir des malades qui pourront être employés dans l'ordre suivant : malades provenant des asiles des pauvres, des prisons des comtés, des orphelinats, ou d'autres institutions des comtés ou des classes d'indigents au dehors des institutions, et des hôpitaux d'État, sur la recommandation de leurs directeurs : pourvu que nulle personne aliénée, incurable ou violente ne soit transportée au village d'Indiana pour les épileptiques. Les malades en voie d'amélioration auront toujours la préférence dans les admissions. Les dépenses de leur maintien seront payées sur le fond de construction jusqu'au 1ᵉʳ juin 1897, à moins qu'il en soit autrement décidé.

Section XII. — Lorsqu'un nombre suffisant de bâtiments sera complété et équipé pour l'admission des malades, le gouverneur en sera avisé, et là-dessus il publiera une déclaration à cet effet.

Section XIII. — Pour le maintien de l'institution, il est approprié une allocation de 200 dollars par an et par malade, selon le rapport de la moyenne journalière des malades de chaque mois, ledit rapport étant certifié par le conseil d'assistance de l'État. Le fonds d'entretien sera immédiatement disponible après la déclaration du gouverneur, et continuera jusqu'à la conclusion de la session suivante de la législature.

Section XIV. — Toutes les personnes épileptiques ayant un domicile de secours dans l'État seront regardées comme admissibles au village des épileptiques de l'État d'Indiana. Le nombre des habitants sera assigné parmi les divers comtés de l'État selon leur population ; ladite quote-part sera répartie parmi les diverses catégories d'épileptiques de la façon regardée par les conseillers comme la plus avantageuse aux intérêts de l'État.

Section XV. — Les épileptiques seront renvoyés au village des épileptiques sur l'ordre du juge du district dans les comtés, et la cause sera entendue dans le cabinet du juge. Un citoyen considéré du comté, dont une demande sera faite, fera la demande sur serment en présentant en substance les renseignements suivants : âge, sexe, race, générale condition mentale et physiologique, domicile du postulant, si oui ou non le postulant a un tuteur, cause et durée de la condition épileptique, si la cause est connue, et autres faits concernant l'histoire du postulant et de sa famille que l'administrateur pourra demander, et ces faits seront soumis au juge du district ayant juridiction dans le comté, avec l'attestation d'un médecin de bonne réputation que le postulant peut être admis d'après les règlements du conseil et qu'il est exempt de maladies contagieuses et de vermine. Quand ces exposés auront été mis en liasse le juge nommera deux examinateurs médicaux qui seront des médecins n'ayant pas moins de cinq ans d'expérience dans la pratique générale de la médecine et de la chirurgie, et n'ayant pas de parenté avec la personne pour qui la demande est faite par consanguinité ou par mariage. Ce sera le devoir des examinateurs médicaux d'examiner soigneusement et séparément la personne pour qui la demande est faite, et aussi de certifier séparément par écrit au juge si oui ou non la personne est épileptique ou sujette aux attaques d'épilepsie. A sa discrétion le juge pourra appeler d'autres témoins jusqu'à ce qu'il soit complètement satisfait sur la condition d'épilepsie des personnes en question. S'il paraît au juge que la personne est affligée d'épilepsie, il inscrira un mandat de renvoi dans le registre, et en même temps il enjoindra le commis de cour du district à faire demande immédiatement au surintendant du village d'Indiana des épileptiques pour l'admission de la personne au village et de transmettre au surintendant, avec la demande pour sa propre information, des exemplaires de tous les exposés et les avertissements soumis avec l'attestation que la demande est faite sous le sceau de la cour. Après la réception de la demande et la copie des exposés et des attestations, le surintendant du village des épileptiques d'Indiana déterminera de suite, sur les renseignements donnés, si oui ou non le malade est admissible, et dans le cas où il y a place dans l'institution dont il est surintendant, il fera savoir au commis du bureau l'admission de la demande. S'il n'y a de place au village des épileptiques, le surintendant suspendra la demande pour considération quand une place sera vacante.

Section XVI. — Le greffier du tribunal, sur le reçu de l'acceptation de la demande d'admission de la personne épileptique au village d'Indiana pour les épileptiques en rendra compte au juge; sur quoi le juge ordonnera au greffier du comté de pourvoir à ce que le malade reçoive des vêtements convenables, et s'il ne les reçoit pas d'ailleurs, le greffier fournira des vêtements aux frais du comté. Si bon semble au juge de charger quelque ami, parent, gardien ou représentant du transport du malade, il donnera un mandat audit ami, parent, gardien ou représentant au lieu du shérif. En l'absence d'autres provisions pour un custode, le juge donnera un mandat au shérif, qui transportera ledit malade au village des épileptiques de la même manière et selon les mêmes formes que celles prévues par la loi pour le transport des malades aux hôpitaux d'aliénés. Chaque épileptique du sexe féminin transporté au village des épileptiques sera confié aux soins ou accompagné d'une femme.

Section XVII. — Les dépenses des vêtements du malade seront payées par le comté, si elles ne sont pas réglées par lui-même ou par ses parents ou amis; et si les vêtements sont fournis par l'institution, les dépenses en seront à la charge du comté comme dans le cas des aliénés dans les hôpitaux d'aliénés. Les dépenses de transport du malade et du fonctionnaire ou d'autres personnes ayant charge du malade devront être réglées par le comté; les honoraires des examinateurs médicaux et des autres fonctionnaires et témoins, occasionnés par le placement du malade dans le Village des épileptiques, devront être payés de la même manière et d'après le tarif arrêté de la loi pour les recherches concernant le placement des aliénés dans les hôpitaux d'aliénés de l'Etat.

Section XVIII. — Toutes les fois qu'il sera trouvé désirable de transporter un malade d'un hôpital d'aliénés de cet Etat, où d'une école des jeunes idiots au Village des épileptiques, ledit malade pourra être transféré sur la recommandation du surintendant médical ou des surintendants médicaux dudithôpital d'aliénés, ou de l'école des jeunes idiots et du surintendant du Village des épileptiques. Toutes les fois qu'il sera désirable le cas pourra être référé au secrétaire du conseil d'Assistance de l'Etat pour ses recherches et pour son avis. Les dépenses de transport d'une institution à une autre seront payées par l'institution qui fera le transport de son fonds de maintien, et au reçu de la recette propre et des pièces justificatives le vérificateur allouera un crédit au fonds de maintien de ladite institution pour la même somme du fonds général.

Section XIX. — Lorsque ledit Village des épileptiques sera prêt à recevoir des malades, il les recevra dans l'ordre prévu à la IIᵉ section de cette loi, entendu que les réceptions seront réparties équitablement parmi les diverses institutions. Et au surplus il est pourvu que les mandats de dépôts seront institués pour les pensionnaires de l'école des jeunes idiots qui devront être transférés au Village des épileptiques de la manière prescrite par ces présentes pour les autres malades, et les dépenses de ce mandat seront payées par le fonds de maintien et portées au crédit de l'institution par le vérificateur de l'Etat, de la manière prescrite pour les dépenses de transport dans la XVIIIᵉ section de cette loi.

Section XX. — Le conseil des administrateurs a le pouvoir d'arrêter les règles et règlements concernant les soins, la garde et la discipline des malades et l'administration de l'institution et des affaires comme bon lui semble pour les intérêts des malades et de l'Etat. Toutes les personnes admises à l'institution seront sous la garde et le contrôle du surintendant, jusqu'au temps où elles seront renvoyées de l'institution ; et le surintendant, d'après les règlements arrêtés par le conseil des administrateurs, pourra confiner et discipliner un malade comme bon lui semble pour le bien-être du malade et le bon ordre de l'institution.

Section XXI. — Nulle personne ne sera renvoyée dudit Village des épileptiques avant que, selon le jugement du surintendant, la condition psychique et physiologique le justifie.

Section XXII. — Les membres du conseil s'assembleront une fois par mois. Ils tiendront un compte rendu de leurs traductions dans un livre à cela destiné. Le surintendant fera un rapport mensuel au conseil, un rapport détaillé à la séance annuelle, et les conseillers feront à la séance annuelle un compte-rendu au Corps législatif de l'Etat accompagné du rapport annuel du surintendant. Les registres, inventaires et comptes seront autant que possible conformes aux lois existantes concernant les institutions d'aliénés, et les comptes seront réglés avec le vérificateur de l'Etat chaque mois, conformément aux lois existantes.

Section XXIII. — Attendu qu'il est d'urgence de mettre cette loi en vigueur immédiatement, elle sera en pleine vigueur dès qu'elle sera promulguée.

DIVISION III. — LOIS CONCERNANT LES ENFANTS.

ENFANTS INDIGENTS

(Lois de 1903, chap. 106).

Loi concernant le maintien des orphelins et des enfants indigents.

Section première. — Arrêté par l'Assemblée générale de l'Etat d'Indiana : Le conseil des commissaires du comté, dans tous les comtés de cet Etat où il y a une ville de 100.000 habitants selon le dernier recensement des Etats-Unis, paiera à une association qui n'est pas dirigée par une secte religieuse et qui maintient une institution ou un asile pour le soir, la garde et l'éducation d'orphelins et d'enfants indigents, et qui a aussi une salle spéciale pour des enfants trouvés, et une crèche, et qui emploie des infirmières diplomées, la somme de trente centimes par jour pour le soin, la garde, l'éducation et le placement en familles de chaque enfant placé à la charge de ladite association. L'approbation du conseil du comté est nécessaire, de la manière prévue par la loi.

Section II. — Attendu qu'urgence existe, cette loi sera en vigueur immédiatement après qu'elle aura été promulguée.

Loi concernant la garde et le soin d'enfants indigents, abandonnés et négligés. (Lois de 1897, chap. 40.)

Loi autorisant de meilleurs soins et un contrôle plus efficace des enfants orphelins, indigents, négligés et abandonnés, pourvoyant à l'établissement, administration et maintien d'associations et d'asiles, à la nomination d'agents, à une allocation pour le paiement desdits agents, et réglant le maintien d'enfants dans les asiles des pauvres des comtés, etc.

Section première. — Arrêté de l'Assemblée générale de l'Etat d'Indiana : Le conseil du comté dans chaque comté de cet Etat aura le droit d'établir et entretenir des asiles pour le maintien, les soins,

l'éducation, le contrôle et la protection des enfants orphelins, indigents, négligés, ou abandonnés, ou de faire des contrats avec des associations décrites dans cette loi, d'assurer aux enfants les avantages
pourvus dans cette loi. Chaque comté qui a établi un asile avant que cette
loi entre en vigueur, et toutes les associations décrites dans cette loi
comme ayant droit aux avantages de cette loi, et qui ont été organi-
sés pour donner des soins auxdits enfants, seront ci-après assujet-
tis aux provisions de cette loi et investis de pouvoirs et devoirs
exposés dans ces présentes. Entendu que les conseils des comtés
contigus pourront décider ensemble de l'établissement d'un asile ou
de l'entretien d'une association, chaque comté devant contribuer pro-
portionnellement aux dépenses.

Section II. — Dans un comté ou dans des comtés où une association aura été organisée et reconnue comme personne morale sous une
loi de cet Etat, et où le conseil des commissaires dudit comté trouve
que ladite association est organisée pour l'objet prévu dans ces présentes, le conseil pourra pourvoir, par achat ou autrement aux terrains et bâtiments convenables aux buts de cette association et ses
pensionnaires, à moins qu'ils ne soient déjà pourvus, le titre auxdits
terrains et bâtiments, au cas d'achat, restant au comté ou aux comtés.
La somme dépensée pour les bâtiments et les améliorations sera limitée de la manière suivante : Si le comté ou les comtés ne contiennent pas plus de 20.000 habitants selon le recensement des Etats-
Unis de 1890, 5.000 dollars, et pour chaque addition de 5.000 habitants,
une autre somme de 1.000 dollars pourra être dépensée pour les besoins de l'association. Le coût des terrains achetés ne dépassera pas
la moitié du coût des bâtiments et des améliorations. Les conseils
feront les réparations des bâtiments et les améliorations et seront
responsables aux associations pour manquement à leurs devoirs,
après une notification raisonnable de la nécessité.

Section III. — Avant de recevoir des paiements pour les soins desdits enfants, ce sera le devoir de l'association de mettre en liasse
chez le conseil des commissaires du comté où l'enfant habite, les
articles d'un compte, confirmé sous serment par un fonctionnaire
général ou par la surveillante générale de l'association, indiquant le
nom et l'âge de chaque enfant pour les soins de qui le paiement est
demandé, le nombre des jours des soins reçus pendant la période
comprise dans le compte, et s'il a été consigné à l'association du surveillant général de la commune ou du conseil des commissaires
comme indigent. Si ledit enfant n'a pas été ainsi consigné, ledit
compte confirmé sous serment doit montrer qu'il n'a pas les moyens
de s'entretenir, ni des amis ou des parents qui peuvent être obligés
de payer pour ses soins, et qu'il ait été absolument remis à l'asso-

ciation ou qu'on ait commencé la procédure qui doit procurer la cession de l'enfant. Le dit compte confirmé sous serment doit montrer aussi que nul enfant aux soins de l'association m'est retenu dans des conditions ou dans un système d'administration par lequel un fonctionnaire pourrait tirer profit, par la diminution de la quantité ou de la qualité de la nourriture, des soins ou vêtements fournis à l'enfant. Après que le rapport a été mis en liasse, le conseil du comté accordera et paiera à ladite association 25 centimes par jour pour les soins dudit enfant, et le conseil n'aura pas le droit d'accorder ou de payer à une association la pension ou le placement des enfants dans des familles autrement qu'il y est pourvu dans cette section. Cependant, rien dans cette section ne sera interprété contrairement à la section IX de cette loi.

Section IV. — Ce sera le devoir de ladite association de recevoir et entretenir des enfants ayant moins, de seize ans révolus, qui n'ont pas les moyens de s'entretenir, ou qui sont négligés ou abandonnés par leurs parents ou tuteurs, à moins qu'ils ne soient impropres à être placés dans des familles privées ou parmi d'autres enfants dans un asile à cause d'incorrigibilité, maladie ou défaut sérieux de corps et d'esprit.

Section V. — Ladite association aura le droit d'exiger des parents et tuteurs des enfants qui leur sont confiés, de renoncer à tous leurs droits sur les enfants, et si ledit parent ou tuteur refuse de renoncer à ses droits, ou si le parent ou tuteur d'un enfant abandonné ne peut pas être trouvé, l'association déposera une plainte devant le tribunal du comté, montrant les faits et les raisons pour lesquels la garde et le contrôle de l'enfant doivent lui être confiés. Après que la plainte est mise en liasse, le tribunal fera notifier la plainte au parent ou au tuteur par messager, si le domicile du parent ou tuteur est connu et dans l'Etat. Dans le cas où le domicile du parent ou tuteur ne peut être trouvé, la notification sera publiée dans un journal, qui a une une grande clientèle dans le comté, d'une manière approuvée par le tribunal. Après que la notification aura été donnée comme ordonnée, le tribunal entendra l'affaire et donnera l'ordre demandé par les intérêts de l'enfant. L'ordre du tribunal commettant un enfant à l'association, ou la cession d'un enfant par son tuteur ou parent à l'association, fera de l'asociation le tuteur légal dudit enfant, avec tous les droits des parents. Ladite association pourra mettre l'enfant en apprentissage chez une personne convenable jusqu'à ce qu'il soit arrivé à l'âge de dix-huit ans révolus, et pourra approuver l'adoption de l'enfant par une personne convenable acceptée par un tribunal ayant juridiction dans les affaires de cette sorte. Ladite association aura aussi le droit d'annuler le contrat d'apprentissage quand elle pense que l'enfant mis en apprentissage est maltraité ou ne reçoit pas les soins propres, et elle pourra reprendre l'enfant.

Section VI. — Ce sera le devoir de ladite association de procurer des foyers permanents pour les enfants qui leur sont confiés chez des personnes convenables, et de s'informer par des visites et rapports qu'ils ont de bons soins et sont éduqués jusqu'à ce qu'ils aient dix-huit ans révolus. Ce sera le devoir de ladite association, par ses agents ou fonctionnaires, de visiter chaque enfant qui est placé dans une famille privée au moins une fois par an, et plus souvent si le bien-être de l'enfant l'exige, jusqu'à ce que l'enfant soit établi heureusement et d'une manière durable. Après cela les visites pourront être discontinuées. Dans le cas où l'association manquerait à son devoir, ou donnera une explication insuffisante au conseil; nulle allocation ne lui sera donnée pour le maintien des enfants qui seront confiés à ses soins. Pourvu que les fonctionnaires de ladite association ne soient pas obligés de visiter les enfants qui seront enlevés à l'association et placés dans des familles, dans d'autres comtés de l'Etat, par les agents de l'Etat, comme il sera pourvu ci-dessous.

Section VII. — Après le 1er janvier 1808, il sera illégal de retenir un enfant ayant de trois à dix-sept ans dans un asile de pauvres du comté plus longtemps que dix jours, et ce sera le devoir du conseil des commissaires du comté de chaque comté dans l'Etat d'Indiana de faire provision pour ces enfants selon les termes de cette loi.

Section VIII. — Le conseil d'assistance de l'Etat est autorisé par ces présentes à nommer un agent ou des agents de l'Etat, qui serviront à leur discrétion, et il formulera les règles qui seront adoptées pour exécuter les objets de cette loi. L'agent aura le droit et ce sera son devoir d'examiner les asiles qui sont soumis à cette loi et de rapporter les résultats de son inspection au conseil d'Etat et au conseil du comté qui y a un intérêt. Il cherchera des foyers permanents pour les enfants qui sont dans les asiles ou qui sont sous la garde des associations mentionnées ci-dessus. Il visitera les enfants pour lesquels il a obtenu des foyers permanents, et autant que possible, d'autres enfants, mis en apprentissage ou autrement placés dans des familles par une association... L'agent répartira les foyers permanents qu'il a choisis parmi les enfants indigents des comtés d'une manière qui permette de distribuer son service équitablement. L'agent tiendra un registre de son travail et fera un rapport concernant les soins, la condition et l'éducation de chaque enfant qu'il a visité à l'association ou aux conseillers de qui l'enfant a été reçu, et au conseil d'assistance de l'Etat; et s'il est convaincu qu'un enfant sous sa surveillance ne reçoit pas le traitement convenable, il aura le pouvoir et ce sera son devoir d'enlever l'enfant à ce foyer et de le rendre à l'association ou au comté d'où il vient. Pour mettre l'agent à même de remplir ses devoirs, chaque association, immédiatement après que cette loi entrera en effet, enverra au conseil d'assistance de l'État les noms, âge et signalement de chaque enfant alors sous sa garde et de chaque enfant qu'elle a mis en apprentissage pendant les dernières années, et aussi le nom et l'adresse de la personne chez qui l'enfant a été mis en apprentissage; et après cela, le premier lundi de chaque mois, l'association enverra audit conseil les noms, âge et signalement de chaque enfant reçu pendant le mois passé, et les noms et âge de chaque enfant mis en apprentissage, et le nom et adresse de chaque personne chez qui l'association a mis un enfant en apprentissage pendant le mois, et les autres faits demandés par le conseil d'assistance de l'État. Pourvu que pour l'objet de cette loi l'agent soit revêtu de la même autorité et des pouvoirs que l'association possède (voir la section 6 de cette loi). Il sera aussi légal pour le conseil de commissaires d'un comté où ni asile ni association n'existe, de placer un enfant, orphelin, indigent, négligé ou abandonné sous la surveillance de l'agent sans l'intervention d'un asile ou association; et les devoirs de l'agent dans ce cas seront les mêmes que ceux décrits ci-dessus.

Section IX. — Les frais de voyage d'un enfant qui est transporté d'un endroit à un autre par ledit agent seront payés par le comté où l'enfant devient charge publique; ces frais seront payés par trimestre sur la présentation de pièces justificatives, signées sous serment par l'agent.

Section X. — Pour payer les appointements de ces dits agents et les dépenses nécessaires qu'eux et le conseil d'assistance de l'État ont faites, en dehors des dépenses des transports des enfants, il est approprié par ces présentes la somme de 2.000 dollars, qui sera payée audit Conseil d'Assistance par le trésorier de l'Etat d'Indiana sur les fonds qui ne sont pas déjà autrement affectés de la même manière et sur la production des mêmes pièces justificatives que les autres dépenses du Conseil d'Assistance de l'État.

Section XI. — Toutes les lois qui se trouvent contraires à cette loi sont de ce fait abrogées.

Section XII. — Vu que l'urgence existe pour cette loi, elle prendra effet à partir du temps où elle sera promulguée.

AMENDEMENT A LA LOI CONCERNANT LES ENFANTS INDIGENTS

(Acts of 1901, ch. 206.)

Il sera illégal de retenir des enfants dans un asile de comté plus longtemps que soixante jours.

(Acts of 1901, ch. 155.)

Toutes les fois qu'il existe dans un comté un asile pour les enfants indigents, négligés, maltraités, orphelins ou abandonnés, la propriété dudit comté administrée par une association, conseil d'administration ou directrice légalement employés par ledit conseil de commissaires du comté pour donner des soins auxdits enfants, si ladite association ou directrice ou ledit conseil d'administration cesse de soigner lesdits enfants et les cède audit conseil de commissaires du comté ou à une autre association, conseil ou directrice qui seront employés par ledit conseil de commissaires du comté pour soigner les enfants, alors ladite association ou directrice ou ledit conseil d'administration retournera à la caisse du comté la partie non encore dépensée qui a été reçue de ladite caisse en compensation *per diem* des soins, maintien et placement des enfants, et l'argent deviendra partie du fonds général du comté.

(Acts of 1903, ch. 8. Abrégé.)

Cette loi pourvoit à ce que les enfants indigents dans les orphelinats ou autres institutions de garde, à l'exception d'institutions de l'Etat, soient commis aux soins du surveillant général de la commune ou au conseil d'écoles publiques aux frais de la commune où l'enfant a domicile de secours ; un certificat de transfert devra être donné par le surveillant général ou par le conseil d'écoles où l'enfant a domicile de secours, et ledit certificat sera envoyé aux propres fonctionnaires, et quand un enfant sera transféré d'une institution à une autre un nouveau certificat devra être donné. Un registre devra être tenu par l'institution à laquelle est commis l'enfant, des jours d'écoles de l'enfant, et le conseil d'écoles qui fait le transfert sera accrédité chez le surintendant de l'enseignement public. Le prix de la pension n'excédera pas 1 dol. 50 par mois. Si l'ordre de transfert est refusé on pourra faire appel au surintendant du comté, et de la décision du surintendant du comté au surintendant de l'Etat, dans un délai de soixante jours, en mettant en liasse une déclaration écrite de la cause et en donnant notification à l'autorité qui refuse l'ordre. Les dettes pour l'enseignement d'une corporation d'écoles à une autre seront réglées le 1er février et le 30 juillet, et le surintendant d'enseignement public de l'Etat ajustera les comptes.

LE MAINTIEN D'ENFANTS DÉFECTUEUX. (Lois de 1903.)

Section première. — Arrêté par l'Assemblée générale de l'État d'Indiana : Lorsqu'un enfant défectueux de corps ou d'esprit est confié à la garde d'un orphelinat ou d'une autre institution dans cet État, qui n'est pas une institution de l'État même, et qui est maintenue pour l'entretien et l'éducation d'enfants indigents négligés ou orphelins, le Conseil des commissaires du comté dans lequel ledit enfant a un domicile de secours allouera et paiera à la dite institution la somme de 30 centimes par jour pour la garde, le soin et l'éducation du dit enfant, et le dit paiement sera fait selon les lois de l'État. Tous les comptes porteront la certitude du médecin que le dit enfant nommé dans le compte est défectueux de corps et d'esprit. Le conseil d'assistance de l'État aura le pouvoir d'examiner et de rectifier ces comptes. Cette loi ne sera pas appliquée dans un comté où le Conseil des commissaires a établi un asile pour l'entretien d'enfants indigents.

Section II. — (Abrogation des lois en contradiction avec cette loi.)

Section III. — (Proclamation d'urgence).

LE TRIBUNAL D'ENFANTS. (Loi approuvée le 10 mars 1903.)

Section première. — Arrêté par l'Assemblée générale de l'État d'Indiana, que dans chaque comté de cet État ayant une ville de cent mille habitants après le dernier recensement des États-Unis sera créée une cour spéciale nommée le tribunal d'enfants, qui aura juridiction dans tous les cas concernant les enfants, y compris les jeunes délinquants vagabonds, les enfants à la charge des conseils des tuteurs d'enfants, et dans tous les cas où la tutelle ou la punition légale d'enfants sera en question ; mais la dite cour n'aura pas juridiction pour l'enregistrement des testaments. Le juge de cette cour sera appelé le juge du tribunal d'enfants et il sera élu par les votants du dit comté à l'époque du scrutin général des fonctionnaires de l'État pour une période de quatre ans, ou bien jusqu'à ce que son successeur soit élu, et il pourra être démis de ses fonctions de la même manière que le juge de la cour du district est démis des siennes ; et il recevra des appointements de 2.500 dollars annuellement qui seront payés par le comté où la cour est établie ; et pour être éligible pour l'office il devra être citoyen et votant légal de l'État et devra être père et n'avoir pas moins de quarante ans. En attendant le scrutin général après que cette loi sera effective, le gouverneur de l'État nommera une personne propre à être juge du tribunal d'enfants qui servira jusqu'à ce que son successeur soit élu.

Le secrétaire de la cour du district sera aussi secrétaire du tribunal d'enfants et il tiendra un registre des transactions dans un livre connu sous le nom de « registre des enfants ». Des sommes seront allouées pour l'entretien du tribunal d'enfants comme pour la cour du district par le conseil du comté. Une chambre séparée dans l'hôtel du comté sera affectée à l'usage du dit tribunal d'enfants qui sera désignée sous le nom de chambre du tribunal d'enfants. Dans les comtés n'ayant pas une ville de cent mille habitants, le juge de la cour du district sera juge du tribunal d'enfants ; pourvu que l'enfant poursuivi sur une accusation n'habite pas une ville de cent mille habitants.

Section II. — Dans chaque comté de cet État ayant une population de cinquante mille habitants ou plus, après le dernier recensement des États-Unis, sera nommée par le juge de la cour du district ayant juridiction une personne discrète, qui sera connue comme fonctionnaire de surveillance (probation officier), qui servira à la discrétion de la cour et qui recevra pour ses services 3 dollars par jour pour chaque jour ou partie de jour de service. Cette somme devra couvrir les appointements et les dépenses officielles, et sera payée par le trésorier du comté des fonds affectés à l'usage du jour de la cour du district sur pièces justificatives faites sous serment du fonctionnaire de surveillance, certifiées par le juge de la cour du district, pourvu que le juge, s'il le pense désirable, puisse nommer une seconde personne comme fonctionnaire de surveillance ; et cette personne recevra le même paiement comme indiqué ci-dessus. Le juge pourra nommer d'autres discrètes personnes qui serviront sans rétribution de la cour. Dans les comtés ayant moins de cinquante mille habitants, le juge du district ayant juridiction pourra nommer une discrète personne de bon caractère comme fonctionnaire de surveillance, qui sera payée comme indiqué ci-dessus, et d'autres personnes de bon caractère comme fonctionnaires de surveillance qui voudront servir sans rétribution de la cour. Dans les comtés où un spécial tribunal d'enfants est établi d'après la section première de cette loi, les fonctionnaires de surveillance seront nommés par le juge du tribunal d'enfants et serviront à sa discrétion et seront payés sur son ordre. Ce sera le devoir du secrétaire de la cour du district, immédiatement après la nomination d'un fonctionnaire de surveillance, de notifier tous les magistrats du comté où ledit fonctionnaire a été nommé, donnant le nom et l'adresse du dit fonctionnaire. Les devoirs des fonctionnaires seront ceux ci-après décrits.

Section III. (Amendement du 27 février 1905.) — Quand une réclamation est faite ou pendante contre un garçon avant qu'il ait seize ans révolus, ou contre une fille avant qu'elle ait dix-sept ans révolus, concernant une offense dont la peine n'est pas l'incarcération pour la vie, ou la mort, devant une cour ou un magistrat, ce sera le devoir de cette cour ou de ce magistrat, immédiatement et avant d'autres transactions dans la cause, de donner une notification écrite de la cause pendante au fonctionnaire de surveillance de son comté et immédiatement de transférer tous les documents de la dite cause au tribunal d'enfants avec son certificat dont ledit tribunal d'enfants a la juridiction. Ledit fonctionnaire de surveillance procédera immédiatement ou aussitôt que possible après cela à examiner tous les faits et les circonstances accompagnant la perpétration de l'offense prétendue, la famille et la condition dudit enfant, son âge, ses habitudes et son travail à l'école ; et il cherchera tout ce qui jettera du jour sur la vie et le caractère ; et il pourra aussi s'informer concernant le foyer, les habitudes et le caractère de ses parents ou tuteurs, et il en fera un rapport écrit au tribunal d'enfants devant lequel la cause sera jugée. Si, après consultation avec le fonctionnaire de surveillance et l'examen du rapport, le juge pense que l'enfant n'est pas coupable de l'offense qui lui est imputée, ou que l'intérêt de l'enfant sera aidé par cela, la cour ordonnera que l'enfant ne sera pas amené devant la cour et que la cause sera renvoyée. Des plaintes dûment reçues sur serment pourront être mises en liasse devant le tribunal d'enfants comme devant les autres cours contre un garçon ou une fille comme mentionné ci-dessus, et lorsqu'elles seront enregistrées le fonctionnaire de surveillance fera une enquête et un rapport écrit exactement comme dans les causes envoyées devant le juge d'une autre cour, et dans des causes pareilles ce sera le devoir du tribunal d'enfants de procéder comme dans les autres causes. Si après le procès il semble au juge du tribunal d'enfants que l'enfant soit coupable de l'offense incriminée, il pourra s'abstenir de donner jugement pendant une période déterminée ou indéterminée, s'il lui paraît que ce soit dans l'intérêt public et l'intérêt de l'enfant il pourra ordonner que l'enfant sera renvoyé aux parents, tuteurs ou amis ; ou il pourra remettre l'enfant aux soins d'un fonctionnaire de surveillance de bonne volonté qui le surveillera jusqu'au temps où l'enfant sera libéré de surveillance sur la recommandation dudit fonctionnaire de surveillance ; ou il pourra ordonner que l'enfant sera placé dans une famille approuvée du fonctionnaire de surveillance, et y restera jusqu'à l'âge de vingt et un ans pour une période plus courte ; ou la cour pourra ordonner que l'enfant sera placé dans l'institution où les enfants indigents du comté sont placés ; ou elle pourra ordonner le placement de l'enfant dans une école d'éducation réformatoire dans l'État d'Indiana. Cette institution sera visitée par le Conseil d'assistance de l'État, et elle pourra recevoir pour ses services 25 centimes par jour, qui seront payés par le comté renvoyant l'enfant, sur des pièces justificatives certifiées de la cour ; ou la cour pourra imposer une amende avec dépens ; ou la cour pourra suspendre le jugement pour une période déterminée ou indéterminée ; ou si l'offense est une malicieuse violation de propriété, la cour pourra exiger que le dommage sera compensé, ou si l'offense est un vol simple et que la propriété ne soit pas restituée, la cour pourra exiger que le défendeur lui-même paie s'il est démontré qu'il puisse gagner l'argent nécessaire ou qu'il ait de l'argent ; et dans toutes les causes citées ci-dessus la cour pourra arrêter que l'enfant soit le pupille de la cour quant à sa personne ; et dans toutes les causes ou il est arrêté qu'un enfant sera pupille de la cour, l'autorité de la cour sur sa personne restera jusqu'à ce que la cour en ordonne autrement, et la cour pourra adopter tous les règlements nécessaires pour l'exécution des provisions de cette loi. Dans tous les cas où la cour remettra un enfant au soin d'une institution qui n'est pas une institution de l'État, et où l'enfant aurait un parent ou tuteur dans le comté, la cour pourra ordonner que ledit parent ou tuteur paraisse devant la cour à un temps mentionné dans l'ordre, et démontrer s'il y a raison pourquoi il ne devrait pas payer l'entretien de l'enfant entièrement ou partiellement, pendant le temps où il habite l'institution. Une copie certifiée dudit ordre sera envoyée au parent ou tuteur par le shérif du comté, pas moins de dix jours avant le jour fixé pour la comparution. Le juge devra entendre le témoignage, et s'il trouve que le parent ou tuteur doit payer ou contribuer à l'entretien de l'enfant, le juge rendra un jugement contre ledit parent ou tuteur, qu'il doit payer au secrétaire du tribunal d'enfants au temps désigné les sommes ordonnées par le juge. Et ce jugement sera exécuté comme les autres jugements sont exécutés, et tout l'argent ainsi recouvré sera gardé par le secrétaire du Tribunal d'enfants et envoyé chaque trimestre à l'institution qui soigne l'enfant, et la somme sera déduite du compte trimestriel de ladite institution. Le secrétaire fera un rapport certifié à la cour à la fin de chaque trimestre du montant de l'argent ainsi recouvré, et le juge fera mettre en liasse ce rapport chez les commissaires du comté avec le compte envoyé par l'institution qui garde l'enfant. Si l'enfant est trouvé coupable de l'offense incriminée, et s'il paraît être entêté et intraitable, la cour pourra le faire envoyer à l'école de garçons d'Indiana (une fille à l'école industrielle de filles), ou à une autre institution pénale ou correctionnelle de l'État légalement autorisée à recevoir les enfants sujets aux conditions prévues par la loi pour la réception d'enfants dans ces écoles et institutions. Le rapport du fonctionnaire de surveillance sera attaché au mandat et l'enfant sera placé sous la garde d'un fonctionnaire de surveillance, ou d'une personne désignée par lui, pour être transporté à l'institution.

Une femme accompagnera toujours les filles envoyées et on lui paiera les mêmes droits et dépenses qu'au shérif dans les cas semblables. La cour pourra, quand la santé de l'enfant l'exigera, faire placer l'enfant dans un hôpital public ou privé qui voudra le recevoir sans rétribution ou pour 25 centimes par jour. Quand un enfant considéré par cette loi sera condamné à une prison où se trouvent des détenus adultes, il sera illégal de confiner l'enfant dans le même bâtiment ou dans la cour où les adultes seront présents. Dans le procès l'enfant aura le droit, s'il le désire, d'avoir un procès devant un jury de douze personnes. Si le garçon ou la fille contre qui la plainte est faite ne peut donner caution, et si le juge ne le libère pas sur parole, alors le garçon ou la fille aura droit à une audience et à un procès immédiat au tribunal d'enfants selon la loi. Dans le cas où le juge d'une cour spéciale d'enfants établie d'après les clauses de la section de cette loi ne pourra la présider à cause de maladie ou tout autre empêchement sérieux, ou pour une cause rendant le juge incompétent dans la cour du district et les cours supérieures, il pourra nommer un juge *pro tempore* pour le dit tribunal pendant le temps d'incapacité, et ledit juge sera payé de la même manière et de la même somme que les juges *pro tempore* nommés par les juges de la cour du district dans cet État.

Section IV. — Tous les procès concernant les enfants affectés par cette loi seront tenus dans les chambres ou dans la salle du Tribunal d'enfants. Le juge de cette cour désignera un temps pour le procès, et il est autorisé par ladite loi d'exclure de la salle de la cour toutes les personnes qu'il pense n'être nécessaires pour le procès. Le fonctionnaire de surveillance sera présent à chaque procès dans l'intérêt de l'enfant qui est en jugement.

Section V. — Le juge de la cour du district dans les comtés où une cour supérieure est établie aura l'autorité, s'il le trouve nécessaire pour le mieux de ses devoirs de juge du tribunal d'enfants, de transférer les cas pendants à ladite cour supérieure à la juridiction légale.

Section VI. — Le fonctionnaire de surveillance rapportera sa disposition d'un enfant placé sous sa tutelle au juge du tribunal d'enfants et aussi au Conseil d'assistance de l'État. A moins qu'il ne soit excusé par la cour il visitera chaque enfant sous sa tutelle au moins deux fois par an, et aussi plus souvent si la cour le pense nécessaire et il rendra compte de chaque visite à la cour et au Conseil d'assistance de l'État, et ce rapport exposera les conditions environnant l'enfant au temps de la visite.

Section VII. — Nulle cour et nul magistrat ou gardien de la paix ne devra placer un enfant ayant moins de quatorze ans dans une prison avant le procès; mais si l'enfant ne peut donner caution il pourra être placé sous la garde du shérif, ou d'une surveillante en chef, ou d'un fonctionnaire de surveillance, qui gardera l'enfant dans un endroit convenable pourvu par le comté jusqu'à ce qu'il soit statué définitivement sur son sort; ledit comté aura l'autorité de faire un contrat pour l'entretien de l'enfant avec une association ou une personne dans l'État d'Indiana qui a les facilités de le garder. Ces facilités et ces soins seront approuvés par le conseil d'Assistance de l'État, et une somme par jour n'excédant la somme allouée par la loi au conseil des tuteurs d'enfants sera le dédommagement donné à l'association ou personne pour la garde et l'entretien de l'enfant ainsi placé. Les dépenses de transport de l'enfant ainsi placé seront payées par le comté sur des pièces justificatives conformément à la loi, et dans tous les procès préliminaires contre l'enfant, l'enfant même ne paraîtra pas devant la cour, mais il y sera représenté par le fonctionnaire de surveillance. Quand une plainte est faite par conseil de tutelle d'enfants concernant un enfant négligé ou maltraité, le juge du district pourra placer ledit enfant sous la garde d'un fonctionnaire de surveillance avant l'audience définitive, et dans ce cas les devoirs dudit fonctionnaire de surveillance sont les mêmes que ceux concernant les enfants considérés par cette loi. Dans un comté où un fonctionnaire n'est pas nommé, le fonctionnaire d'écoles publiques (truant officer) du comté nommé par le juge de la cour du district agira en qualité de fonctionnaire de surveillance, et il recevra le même dédommagement indiqué dans la section 2 ci-dessus pour ses services comme fonctionnaire de surveillance.

Section VIII. — Toutes les associations ou personnes qui maintiennent des institutions et qui reçoivent des enfants sous cette loi seront sujets à la même surveillance par le conseil d'Assistance de l'Etat comme les institutions charitables et pénales de l'Etat; et ce sera le devoir dudit conseil d'assistance de l'Etat d'approuver annuellement l'aptitude de l'institution ou de l'individu qui reçoit ou qui désire recevoir des enfants d'après les dispositions de cette loi; et chaque association ou individu rendra compte annuellement, au temps fixé par le conseil, des conditions, administration et capacité à entretenir convenablement les enfants qui leur sont confiés, et d'autres faits demandés par le conseil. Quand le conseil sera convaincu que l'association ou l'individu est compétent et a les moyens de prendre soin des enfants, il leur donnera un certificat à cet effet, et ce certificat continuera d'être en force pendant une année à moins qu'il ne soit revoqué par le conseil, et nul enfant ne sera remis aux soins d'une association ou d'un individu qui n'aura pas reçu un certificat dans les quinze mois précédant le mandat de dépôt. La cour pourra exiger en tout temps d'une association ou d'individu, recevant ou désirant recevoir des enfants d'après les stipulations de cette loi, tous les rapports et renseignements que le juge pense être nécessaires pour son action, et la cour ne sera pas requise de mettre un enfant en garde dans une association ou chez un individu dont la position sociale, la conduite ou le soin d'enfants, ou la capacité de les soigner, ne satisfait pas la cour. Toutes les institutions dans cet Etat consacréés à soigner des enfants dépendants négligés ou orphelins, soit qu'elles soient maintenues tout à fait ou partiellement des fonds publics ou soit qu'elles ne reçoivent rien du public, seront surveillées par le Conseil d'Assistance de l'Etat.

Section IX. — Une association ayant pour objet de soigner des enfants négligés, dépendant et délinquants ne pourra pas être constituée société politique à l'avenir dans cet Etat, à moins que les articles proposés de la constitution ne soient préalablement soumis au Conseil d'Assistance de l'Etat, et le secrétaire de l'Etat ne mettra pas un certificat de constitution à moins que le certificat dudit conseil d'assistance de l'Etat ne soit préalablement mis en liasse dans son bureau, que ledit conseil ait examiné lesdits articles de constitution et que le conseil juge que les membres de la corporation sont des personnes de bonne réputation, que l'œuvre proposée soit nécessaire et que l'institution de l'association soit désirable et pour le bien public. Les amendements proposés aux articles de constitution d'une association pour le soin des enfants dépendants, négligés ou délinquants seront soumis de la même manière au conseil d'Assistance, et le secrétaire de l'Etat n'enregistrera ledit amendement et n'y donnera son certificat, à moins qu'un certificat du conseil d'assistance ne soit préalablement mis en liasse dans son bureau, que le conseil ait examiné ledit amendement, que l'association, selon leur opinion, remplisse avec bonne foi l'œuvre par lui entreprise, et que l'amendement soit, dans leur opinion, propre et de bien public.

Section X. — Cette loi sera librement interprétée à fin de mettre ses objets en exécution, de façon que le soin, la garde et la discipline de l'enfant puissent s'approcher le plus possible ceux que les parents devraient leur donner; et dans le cas convenable, l'enfant sera placé dans une famille approuvée et deviendra membre de la famille par adoption ou autrement.

Section XI. — Toutes les lois contraires à cette loi sont abrogées.

Section XII. — Vu qu'un cas d'urgence existe, cette loi sera en effet immédiatement après qu'elle sera promulguée.

DÉLIT CONTRIBUANT

(Lois de 1905, chap. 146.)

Une loi définissant le délit des enfants, et pourvoyant à la punition d'une personne qui est responsable du délit commis par un enfant ou qui y contribue.

Section première. — Arrêté par l'Assemblée générale de l'État d'Indiana, que les mots « enfant délinquant » signifieront un garçon ayant moins de seize ans révolus ou une fille ayant moins de dix-sept ans révolus qui violera une loi de cet Etat ou un règlement d'une ville ; ou qui est intraitable ; ou qui sciemment s'associe à des voleurs ou à d'autres personnes vicieuses ou immorales ; ou qui grandit dans l'oisiveté ou dans le crime ; ou qui sciemment fréquente des places où l'on joue ; ou qui fréquente un cabaret ou toute place où l'on vend du vin ou des boissons alcooliques ; ou qui erre dans les rues d'une ville la nuit sans but motivé ; ou qui erre dans tout endroit défendu ou sur les voies du chemin de fer ; ou qui monte dans un train en mouvement ou entre dans un wagon ou sur une locomotive sans permission ; ou qui emploie un langage vil, obscène, grossier, profane ou indécent ; ou qui fume des cigarettes ; ou qui flâne autour d'une école ; ou qui est coupable de conduite indécente ou immorale. Un garçon ayant moins de seize ans révolus ou une fille ayant moins de dix-sept ans qui commettra l'une des actions mentionnées dans cette section sera considéré comme enfant délinquant et sera poursuivi de la manière prévue par la loi en ce qui concerne les personnes incriminées, et après condamnation pourra être élargi à l'essai, ou le juge pourra le traiter de la manière qu'il juge être pour le bien de l'enfant.

Section II. — Il sera illégal pour une personne de faire commettre ou d'encourager un garçon qui n'a pas seize ans ou une fille qui n'a pas dix-sept ans à commettre un délit mentionné dans la section première de cette loi, ou pour n'importe quel but d'envoyer un enfant dans une maison de prostitution, ou dans un cabaret ou dans un tapis franc, sciemment ; ou d'encourager sciemment un enfant à violer une loi de cet Etat ou les règlements d'une ville ; ou de permettre sciemment ou d'aider ou d'encourager un enfant à être coupable de conduite vicieuse ; et une personne agissant ainsi sera coupable et sera jugée devant le tribunal d'enfants, et ladite cour aura juridiction dans les causes de cette sorte ; et la personne trouvée coupable sera punie d'amende ou d'incarcération ou des deux. Dans tout comté où existe une cour criminelle, le juge du tribunal d'enfants pourra transférer une plainte contre un adulte à la cour criminelle dudit comté pour procès et jugement. Ce transfert sera fait en transmettant tous les documents de la cause avec le certificat du juge de la cour criminelle que la cause a été transférée à la cour criminelle, et la cour criminelle acceptera et exercera juridiction dans ladite cause sous cette loi.

Section III. — Un individu qui sera condamné pour violation des provisions de la section II de cette loi paiera une amende ne dépassant pas 500 dollars, ou sera incarcéré dans la prison du comté ou dans la maison de travail pendant une période ne dépassant pas six mois, ou sera puni d'amende et aussi d'emprisonnement. La cour pourra imposer des conditions à un individu trouvé coupable d'avoir enfreint cette loi, et tant qu'il les remplira à la satisfaction du juge le jugement ou une partie du jugement pourra être suspendu. Le jugement ne pourra pas être suspendu plus longtemps que deux ans; et à l'expiration de ce temps ou plus tôt le juge pourra, s'il pense que la personne a rempli les conditions fidèlement, suspendre le jugement absolument et ainsi élargir la personne. Si au contraire le juge pense que le jugement doit être exécuté, il pourra révoquer le sursis et exécuter le jugement. Dans ce cas la période du jugement commencera au moment où l'ordre d'exécution sera donné. La personne aura le droit de demander un jury de douze individus, si bon lui semble.

Section IV. — La personne pourra faire appel à la Cour de cassation dans des causes semblables.

Loi concernant l'éducation obligatoire des enfants.
(Acts of 1901, Chapter 209.)

Section première. — Arrêté par l'Assemblée générale d'Indiana : Chaque parent, tuteur ou autre personne dans l'État d'Indiana, ayant charge d'un enfant ou d'enfants entre l'âge de sept et quatorze ans inclusivement, sera requis d'envoyer ledit enfant ou lesdits enfants à une école publique, privée ou paroissiale, chaque année scolaire, pendant une période qui ne soit pas plus courte que celle d'école publique du district où l'enfant ou les enfants habitent. Nul enfant de bonne santé psychique et physique ne sera exclu d'une école pendant sa session pour n'importe quelle règle, loi ou cause.

Section II. — Le Conseil d'éducation de chaque comté sera un Conseil de vagabondage (*truancy*), dont ce sera le devoir de nommer le premier lundi de mai un fonctionnaire de vagabondage. Ce fonctionnaire veillera à ce que les provisions de cette loi soient remplies. Quand il croira par connaissance personnelle ou sur le rapport d'un habitant ou instituteur de la commune sous sa surveillance, qu'un enfant sujet à cette loi soit habituellement en retard ou absent de l'école, il devra immédiatement donner une notification écrite au parent ou tuteur dudit enfant que l'enfant doit assister à l'école. Dans le cas où ledit parent ou tuteur dudit enfant ne remplirait pas dans un délai de cinq jours les provisions de cette section, alors le fonctionnaire de vagabondage portera plainte contre ledit parent ou tuteur devant un tribunal pour violation de cette loi. Une seule notification sera nécessaire pendant une année. Le parent ou tuteur qui violera les provisions de cette loi sera jugé coupable et dans sa condamnation sera frappé d'une amende de 5 dollars au moins et de 25 dollars au plus; à laquelle amende pourra être ajoutée, à la discrétion de la cour, une incarcération dans la prison du comté de deux jusqu'à quatre-vingt-dix jours.

Section III. — Une ville ayant 5.000 enfants ou davantage en âge d'aller à l'école, ou bien deux villes ou plus dans un comté ayant ensemble 5.000 enfants en âge d'aller à l'école, pourront, à la discrétion du Conseil de vagabondage du comté, constituer un district à part pour l'administration de cette loi. Les villes ayant plus de 10.000 enfants et moins de 20.000 auront deux fonctionnaires de vagabondage. Les villes ayant de 20.000 à 30.000 enfants pourront avoir trois fonctionnaires de vagabondage. Les villes ayant de 30.000 à 40.000 enfants pourront avoir quatre fonctionnaires. Les villes ayant plus de 40.000 enfants pourront avoir cinq fonctionnaires de vagabondage nommés par le Conseil des commissaires d'écoles. Les fonctionnaires de vagabondage de villes et de districts à part feront exécuter les provisions de cette loi de la manière et sous les peines prescrites par la section II de cette loi. Les fonctionnaires des villes mentionnés dans cette section seront nommés par le Conseil d'administrateurs d'écoles ou Conseil des commissaires d'écoles, respectivement, de la ville.

Section IV. — Les fonctionnaires de vagabondage pourvus dans cette loi recevront de la caisse du comté 2 dollars pour chaque jour de service, qui devront être payés par le trésorier du comté sur l'autorisation du vérificateur du comté. Le vérificateur du comté ne donnera pas l'autorisation avant que le fonctionnaire de vagabondage né mette en liasse un compte détaillé du temps employé dans le service, et ce compte sera certifié par le surintendant d'écoles du district dans lequel le fonctionnaire de vagabondage est employé, et avant que la demande soit admise par le Conseil des commissaires du comté. Le fonctionnaire de vagabondage ne recevra pas paiement pour plus de jours que ceux de la période moyenne d'écoles dans le comté, la ville ou le village sous sa surveillance.

Section V. — Tous les fonctionnaires et les instituteurs d'écoles sont par ces présentes requis de rendre tous les comptes demandés par le surintendant de l'enseignement public, par le Conseil de vagabondage de l'État ou par le fonctionnaire de vagabondage, concernant les effets de cette loi.

Section VI. — Si le parent ou tuteur d'un enfant ou d'enfants est trop pauvre pour fournir audit enfant des livres et les vêtements nécessaires pour qu'il aille à l'école, alors l'administrateur d'écoles de la commune, ou le Conseil des commissaires d'écoles de la ville incorporée dans laquelle ledit parent ou tuteur réside, fournira l'aide temporaire nécessaire à l'enfant, laquelle aide sera payée sur le certificat desdits fonctionnaires par le Conseil des commissaires du dit comté. Ledit administrateur de la commune ou Conseil des administrateurs ou commissaires dresseront immédiatement et mettront en liasse chez le vérificateur du comté une liste complète des enfants ainsi assistés, et le Conseil des commissaires du comté à sa session suivante examinera ces cas et pourvoira aux besoins de l'enfant et le mettra à même de continuer à suivre l'école comme c'est le dessein de cette loi.

Section VII. — Les commissaires d'écoles administrateurs et les Conseils des administrateurs sont autorisés à entretenir soit au dedans ou en dehors des limites de leurs districts, une école à part pour les enfants incorrigibles ou paresseux. Un enfant incorrigible ou paresseux peut être forcé d'assister à cette école spéciale pendant un temps indéterminé.

Section VIII. — Un enfant qui s'absente de l'école habituellement pourra être considéré comme vagabond invétéré par le fonctionnaire de vagabondage et le surintendant d'écoles du comté ou de la ville. Ledit vagabond invétéré pourra être condamné par le juge de la cour du district à l'École réformatoire de garçons, ou une fille à l'École d'industrie de filles, pourvu que leur âge ne dépasse pas l'âge d'admission auxdites institutions. Le juge à sa discrétion pourra envoyer un enfant incorrigible à une autre institution de correction dans l'État. La corporation d'écoles où l'enfant réside paiera les dépenses de son entretien dans l'institution, ainsi que dans le cas des enfants indigents, 25 cents par jour plus les dépenses de transport.

Section IX. — Pour payer les frais additionnels nécessaires à l'exécution de cette loi, les administrateurs des écoles de communes, les Conseils des administrateurs d'écoles, ou les commissaires de villes sont par ces présentes autorisés à imposer une taxe additionnelle aux autres taxes n'excédant pas 10 cents sur 100 dollars de propriété imposable : lesdites taxes peuvent être imposées et perçues comme tout autre revenu spécial pour les écoles.

Section X. — Afin d'exécuter plus définitivement les provisions de cette loi, il est prévu par ces présentes que le fonctionnaire qui procède au recensement annuel des écoliers s'informera de la place et de la date de naissance de chaque enfant énuméré et les enregistrera, et le parent ou tuteur dudit enfant souscrira et affirmera par serment que l'enregistrement est valide. Le fonctionnaire de recensement est autorisé par ces présentes à faire prêter serment. Le parent ou tuteur qui refusera de prêter serment ou d'affirmer la validité (quakers par exemple) sera considéré coupable, et sur condamnation sera frappé d'une amende d'au moins un dollar.

Section XI. — Le premier jour d'école les administrateurs, Conseils d'administrateurs, ou commissaires d'écoles fourniront au fonctionnaire de vagabondage les noms d'enfants en âge d'aller à l'école qui sont énumérés sur les registres d'énumération. Ces noms seront disposés alphabétiquement et les registres donneront tous les renseignements contenus dans les rapports d'énumération. Les commissaires du comté fourniront les timbres et les formules demandés par le Conseil de vagabondage de l'État ou par le surintendant d'enseignement public de l'État.

Section XII. — Toutes les lois qui se trouvent en contradiction aux provisions de cette loi sont abrogées par ces présentes.

Section XIII. — Attendu qu'urgence existe, cette loi sera en vigueur immédiatement après qu'elle aura été promulguée.

LE TRAVAIL DES ENFANTS (Abrégé de la loi).

Loi de 1899 défendant l'emploi d'un garçon ayant moins de seize ans, ou d'une fille ayant moins de dix-huit ans, dans un établissement industriel ou commercial, ou dans un établissement pareil, plus de soixante heures par semaine, ou plus de dix heures par jour, excepté le cas où l'on désire faire du samedi un jour de travail plus court. Cette loi exige qu'ils soient employés à des heures régulières. Les individus qui emploient des garçons et des filles doivent faire une déclaration sous serment concernant leur âge, et garder ce registre sujet à l'examen de l'inspecteur. Les enfants n'ayant pas les âges mentionnés ci-dessus, qui ne peuvent ni lire ni écrire, ne peuvent être employés que pendant les vacances d'écoles publiques. La loi défend l'emploi de filles et de femmes dans les fabriques de dix heures du soir à six heures du matin. Elle défend aussi l'emploi d'une personne jeune à un ascenseur.

CONSEILS DES TUTEURS (BOARDS OF CHILDREN'S GUARDIANS)
(Lois de 1901, ch. 173, la loi de 1899 comme amendée).

Section première. — Arrêté par l'Assemblée Générale de l'Etat d'Indiana : Sera créé dans chaque comté de cet Etat un Conseil composé de six membres, dont trois seront des femmes, et chaque membre devra être ou avoir été père ou mère. Ce Conseil sera constitué en corps politique et incorporé, et il sera appelé le Conseil des tuteurs d'enfants du ..... comté de ....., et sous ce nom pourra poursuivre en justice ou être poursuivi. Les membres dudit Conseil seront nommés par le juge du district du comté, et ils serviront sans compensation. Deux membres serviront une année, quand leurs successeurs seront nommés, et ceux-ci serviront trois années. Deux membres serviront trois années, quand leurs successeurs

seront nommés, et ceux-ci serviront trois années, et annuellement,
plus tard deux membres seront nommés qui serviront trois années.
Attendu : dans le cas où une vacance se produirait, ledit juge du district remplira ladite vacance par nomination pour le temps inexpiré.

Section II. — Ledit Conseil aura le soin et la surveillance d'enfants
ayant moins de quinze ans révolus, négligés et indigents, ayant
domicile de secours et résidant dans le comté où le Conseil a été créé,
et il aura le pouvoir de prendre sous son contrôle, de la manière dé-
crite ci-dessous, les enfants abandonnés, négligés ou cruellement
traités par leurs parents ; les enfants mendiant dans la rue ; les enfants de parents habituellement ivrognes ou vicieux ou incapables ;
les enfants vivant dans des milieux vicieux ou infâmes ; les enfants
connus par leur langage ou conduite pour être vicieux ou incorrigibles ; les jeunes délinquants et vagabonds et même ceux qui ont
l'habitude de faire l'école buissonnière. Le Conseil aura le pouvoir,
avec la permission du juge du district dans le comté, d'envoyer ces
enfants aux orphelinats ; ou à l'ordre de la cour lesdits enfants pourront être mis en apprentissage ou adoptés sans le consentement des
parents desdits enfants sur le consentement dudit Conseil mis en
liasse dans la cour du district ; ou bien les enfants pourront être
placés par ledit Conseil, comme l'indique la cour du district, sur une
requête écrite ; pourvu qu'en envoyant des enfants à l'école réformatoire de garçons ou à l'école industrielle de jeunes filles, la cour
soit inspirée exactement par la loi réglant la détention dans ces institutions, et ladite loi ne sera pas abrogée par cette loi.

Section III. — Quand ledit Conseil apprendra des faits qui justifie-
ront la croyance qu'un enfant ayant moins de quinze ans révolus, résidant et ayant domicile dans le comté, est abandonné, négligé de
propos délibéré, ou habituellement traité avec cruauté par ses parents ou par son tuteur légal, ou est habituellement envoyé ou
sciemment autorisé à mendier dans les rues ; ou que les parents ont
l'habitude d'être ivres ou débauchés devant ledit enfant ; ou que
ledit enfant soit connu par son langage ou sa conduite pour être vicieux ou incorrigible, ledit Conseil adressera une pétition, vérifiée
par ses fonctionnaires, montrant l'objet de sa plainte contre ledit
enfant, ou les parents, ou le tuteur, dans le bureau de la cour du
district où ledit enfant et les parents ou le tuteur ont leur domicile
et résident ; et là-dessus la cour ou le juge, tenant séance, en vacances, pourra, si les faits de la pétition vérifiée sont suffisants et
s'il est nécessaire pour le bien-être de l'enfant, agir, et le commis
de la cour donnera un mandat, et ledit mandat sera adressé à la personne intéressée (parents ou tuteur ayant l'enfant en charge) ; ce
mandat leur ordonnant d'amener l'enfant devant la cour au temps

et à la place indiqués par le juge, et de recevoir ordre le concernant. Ledit mandat sera signifié personnellement aux parents ou tuteurs dudit enfant, ou si l'enfant n'est pas sous la garde des parents et s'il est actuellement résidant dans le comté, le mandat pourra signifier audit enfant, sur lequel le juge nommera comme tuteur *ad litem* pour l'enfant un avocat de bonne réputation, dans ladite cour, qui prêtera serment de défendre ledit enfant et d'apprendre le domicile de secours de ses parents ou de son tuteur, s'il est possible ; et s'il est démontré que les parents ou le tuteur légal résident hors de la juridiction de la cour et que la cour n'a pas juridiction pour déterminer la condition familiale dudit enfant, la cour pourra donner un ordre temporaire concernant l'entretien ou la garde comme le juge le pense convenable. Si les faits montrés dans la pétition sont trouvés vrais et s'il est nécessaire pour le bien-être de l'enfant, le juge tenant séance en vacances pourra donner ordre que l'enfant soit commis à la tutelle dudit Conseil de tuteurs d'enfants, ou à un asile dans le comté où les pupilles du public sont entretenus, ou à la charge et tutelle d'un résident du comté, comme le juge le pense bon pour le bien-être de l'enfant ; et la cour ou le juge tenant séance en vacances donnera ordre pour les visites de l'enfant par ses parents, s'il y en a, et il pourra donner ordre permanent que dans le cas où les causes de séparation de l'enfant d'avec ses parents soient terminées, ledit enfant pourra être renvoyé aux parents ou au tuteur. Le mandat pourvu dans cette loi sera renvoyé dans un délai de dix jours au moins et de trente jours au plus après que la pétition sera enregistrée ; mais le cas pourra être jugé n'importe quand si les parties paraissent et s'accordent concernant le temps du procès. Les conclusions de faits du procès mises en action sous cette loi seront jugées selon la procédure et les règles applicables aux causes civiles, et un appel sera permis au cas d'une décision d'un jury, juge ou d'une cour. Pourvu : que si un fonctionnaire du Conseil montre par déclaration sous serment qu'il y a danger d'enlever l'enfant dehors à la juridiction de la cour, où la pétition est faite, ou que l'enfant souffrira un dommage irréparable avant que le mandat puisse être exécuté, la cour ou le juge pourra, si les raisons sont suffisantes, donner un ordre mentionnant les faits, et adressé au shérif, lui ordonnant de prendre l'enfant et de le faire paraître devant la cour ou le juge, et la cour ou le juge alors pourra rendre un arrêt concernant l'enfant.

Section IV. — Ce sera le devoir de la cour, au procès occasionné par les dispositions de cette loi, d'écouter les preuves concernant les moyens du parent ou tuteur dudit enfant ou desdits enfants de payer pour l'entretien entier ou partiel de l'enfant ou des enfants. Dans le cas où la cour trouvera que le parent ou le tuteur devrait contribuer à l'entretien dudit enfant ou desdits enfants, la cour donnera jugement contre ledit parent ou tuteur lui ordonnant de verser dans la caisse du comté les sommes ordonnées par la cour, aux périodes fixées par elle. Ces paiements continueront à être payés tant que ledit enfant ou lesdits enfants resteront à la charge du public. Ces jugements seront exécutés comme les autres.

Section V. — Le Conseil des commissaires du comté pourra pourvoir et maintenir une maison convenable pour les enfants placés sous sa surveillance et son contrôle, ladite maison sera approuvée du Conseil des tuteurs d'enfants. Le Conseil des commissaires du comté paiera les agents et les assistants qui sont jugés être nécessaires par le Conseil des tuteurs d'enfants et par la cour du district et du comté, nommés par le Conseil des tuteurs d'enfants, sur l'approbation de la cour du district et du comté ; et le Conseil des commissaires du comté paiera toutes les autres dépenses du Conseil des tuteurs et de la maison, excepté les dépenses pour la nourriture et les vêtements qui devront être payées par le Conseil des tuteurs d'une allocation à lui accordée par le Conseil des commissaires du comté, à raison de trente cents par jour pour chaque enfant qui est confié aux soins dudit Conseil des tuteurs, et qui est gardé dans la maison ou est maintenu en dehors. Le Conseil des tuteurs aura l'autorité, quand il le jugera bon, de voir au bien-être de l'enfant, de le garder en dehors de l'asile et de faire des contrats pour son entretien. Le Conseil du comté fera les allocations nécessaires pour exécuter les stipulations et les objets de cette loi.

Section VI. — Dans tous les cas où le Conseil des tuteurs d'enfants est intéressé, où il est nécessaire d'enregistrer des pétitions, rapports ou procédés pour l'adoption d'enfants, nul droit ne sera taxé contre ledit Conseil par le commis de la cour du district ni par le shérif du comté, et le Conseil ne sera pas assujetti au paiement des droits de la cour ou des témoins, mais toutes les dépenses de cette sorte du Conseil seront payées par le comté où le Conseil est créé, sur l'ordre de la cour du district dudit comté.

Section VII. — La cour du district et du comté aura le pouvoir de renvoyer un membre ou tous les membres dudit Conseil des tuteurs d'enfants pour mauvaise conduite ou négligence dans leurs devoirs ; sur rapport présenté à la cour après que le membre ou les membres ont eu pleine occasion d'être entendus dans leur défense.

Section VIII. — Ledit Conseil des tuteurs d'enfants fera un rapport au Conseil d'Assistance publique de l'Etat toutes les fois et de la manière exigée par ledit Conseil de l'Etat : pourvu que ledit Conseil de l'Etat fournisse tous les registres et la papeterie nécessaires à faire lesdits rapports.

Section IX. — Toutes les lois qui se trouvent en conflit avec cette loi sont abrogées.

Section X. — (Règlements concernant la loi de mars 1889, et concernant les enfants à la charge des Conseils des tuteurs fondés par cette loi.)

Section XI. — (Déclaration d'urgence.)

L'IMPORTATION D'ENFANTS INDIGENTS (Loi de l'an 1899).

Section première. — Arrêté par l'Assemblée Générale de l'État d'Indiana : Il sera illégal pour une personne ou une institution d'amener ou de faire amener dans l'État d'Indiana un enfant indigent pour placer ledit enfant dans une famille par contrat d'apprentissage, adoption ou autrement, ou d'abandonner ledit enfant après l'avoir amené ou envoyé dans l'État d'Indiana, sans qu'il ait premièrement obtenu le consentement écrit du Conseil d'Assistance de l'État, et sans se conformer à cette loi et aux règlements dudit Conseil faits de temps à autre selon les provisions de cette loi. L'autorité est par ces présentes donnée audit Conseil de faire les règlements que bon lui semble pour exécuter les provisions de cette loi;

Section II. — Ladite personne ou association, avant qu'elle amène ou fasse amener un enfant dans cet État, donnera premièrement caution de dédommagement à l'État d'Indiana d'une somme pénale de 10.000 dollars, qui devra être approuvée par ledit Conseil d'Assistance dans les conditions suivantes. On n'enverra ni ne fera amener dans cet État un enfant incorrigible, ou défectueux de corps ou d'esprit ; on rapportera au Conseil d'Assistance de l'État immédiatement après le placement dudit enfant ses nom et âge, et le nom et le domicile de la personne chez laquelle il est placé ; on transportera l'enfant hors de l'État s'il devient à la charge de l'assistance publique avant qu'il ait 21 ans, dans un délai de 30 jours après être notifié du fait par le Conseil d'Assistance de l'État; et si ledit enfant indigent est condamné pour un délit ou contravention et est incarcéré dans un délai de trois ans après son arrivée dans l'État, ladite personne, association ou institution transportera le dit enfant hors de l'État immédiatement après son élargissement, et en cas qu'elle manque à le faire dans un délai de 30 jours après en être notifiée, alors la personne, association ou institution sera passible d'une amende de 1.000 dollars, laquelle somme sera recouvrée sur la caution au nom de l'État d'Indiana ; on placera ou fera placer le dit enfant indigent sur contrat écrit, dans une famille convenable, et la personne qui reçoit l'enfant sera responsable quant à son éducation et son entretien ; on surveillera les soins et l'éducation donnés à l'enfant, et on le fera visiter au moins une fois l'année par un agent responsable pour la personne, association ou institution qui aura placé l'enfant. On fera les rapports demandés par le Conseil d'Assistance publique de temps à autre.

Section III. — Le Conseil d'Assistance de l'État aura la surveillance générale et l'administration de tout ce qui est contenu dans cette loi ; et il pourra rédiger d'autres règlements qui ne sont pas incompatibles avec cette loi et qu'il pense être nécessaires pour le placement, la mise en apprentissage, l'adoption, le transfert, et la surveillance desdits enfants, et pour l'éloignement des enfants incorrigibles ou défectueux, et pour le renvoi d'enfants condamnés pour délits ou crimes, ou qui deviennent à la charge de l'assistance publique.

Section IV. — Une personne, association ou institution, ou leur fonctionnaire ou agent, qui violera une provision de cette loi, sera coupable d'un délit, et sur condamnation sera frappée d'une amende n'excédant pas 100 dollars.

Section V. — Les provisions de cette loi ne seront pas appliquées à une personne (un parent) qui amène un enfant dans cet État pour le placer dans sa famille ou dans une autre famille.

DIVISION IV. — ASSISTANCE DANS LES COMTÉS

CONSEILS D'ASSISTANCE ET DE CORRECTION DES COMTÉS (Loi de 1889).

Section première. — Il est ordonné par l'Assemblée Générale de l'État d'Indiana : Dans chaque comté de l'État le juge de la cour du district pourra, et sur la pétition de quinze citoyens connus il devra nommer six personnes, dont pas plus de trois ne seront du même parti politique ou de la même confession religieuse, et dont pas plus de quatre ne seront du sexe masculin, qui constitueront un Conseil d'Assistance et de Correction du comté. Ils serviront sans rétribution ; deux nommés par le juge serviront pendant une année, deux pendant deux années et trois années ; et à la démission ou à l'expiration du service d'un membre son successeur sera nommé pour la période de trois ans. Les nominations pour remplir les vacances causées par la mort, la démission ou le renvoi avant l'expiration des périodes de service seront faites pour le reste de la période de la même manière qu'à la première nomination.

Section II. — Les personnes nommées membres du Conseil d'Assistance, dans un délai d'une semaine après avoir reçu la notification de leur nomination, s'assembleront dans le bureau du vérificateur à la maison de la cour du comté, ou dans un autre lieu convenable, et choisiront un président et un secrétaire parmi les membres. Le secrétaire mettra en liasse un rapport de l'organisation, signé par lui et par le président, chez le commis de la cour du comté.

Section III. — Les Conseils d'Assistance s'assembleront tous les trois mois, et plus souvent à leur discrétion. Ils pourront rédiger des règlements pour leurs procédés. Tous les trois mois au moins ils visiteront en masse ou par l'entremise d'un comité l'asile des pauvres du comté, la prison du comté, l'orphelinat du comté, et les autres institutions charitables et réformatoires qui reçoivent des subventions de la caisse publique existant dans le comté. Ils examineront chaque division de l'institution qui est visitée, et s'informeront de son administration au point de vue de l'économie et de l'efficacité, propreté, discipline et confort et à d'autres égards. Ils étudieront soigneusement les règlements donnés par le Conseil des Commissaires du comté pour le contrôle de chaque institution dans le comté, et les suggestions présentées par le Conseil d'Assistance de l'État concernant ces sujets, et s'informeront si oui ou non ces règlements et suggestions sont observés. Ils pourront faire des suggestions sur l'amélioration de l'administration aux personnes surveillant les institutions du comté et les prisons des villages, et pourront rendre compte au Conseil des Commissaires du comté, ou à un autre fonctionnaire ayant juridiction, des faits qui devraient être connus par lesdits fonctionnaires.

Dans le cas où ledit Conseil ou un de ses comités trouveraient un état de choses qui, selon leur opinion, est préjudiciable au comté ou aux résidents de l'institution, ou qui est contre l'ordre et l'intérêt public, ce sera leur devoir de s'adresser au Conseil des Commissaires du comté, ou à d'autres fonctionnaires ayant juridiction, et d'exposer leurs observations et les remèdes nécessaires.

Section IV. — Le premier lundi de mars, juin, septembre et décembre de chaque année, ou antérieurement, le Conseil d'Assistance et de Correction du comté fera un compte rendu écrit au Conseil des Commissaires du comté, donnant un exposé de la condition de chaque institution qu'il a visitée pendant l'année. Et annuellement, le 1er juin ou antérieurement, ils feront un compte rendu de leur travail pendant l'année au juge de la cour du district. Quand le Conseil d'Assistance et de Correction du comté présentera un rapport au Conseil des Commissaires du comté ou au juge de la cour du district, il transmettra en même temps une copie au Conseil d'Assistance de l'État, et il pourra demander au Secrétaire dudit Conseil d'Assistance de l'État son avis sur ses devoirs. Le Conseil d'Assistance de l'État fournira à chaque Conseil d'Assistance du comté la papeterie et les timbres-poste nécessaires pour faire les rapports prescrits par la loi, et le vérificateur de chaque comté fournira la papeterie pour le rapport au Conseil des Commissaires du comté et au juge de la cour du district.

Section V. — Toutes les lois qui se trouvent en conflit avec cette loi sont abrogées par celle-ci.

HOPITAUX DES COMTÉS

(Loi approuvée le 24 février 1905 ; amendement à la loi de 1903).

Une loi autorisant l'établissement et le maintien des hôpitaux par les Conseils de Commissaires dans leur comté, avec ou sans l'aide d'associations, et autorisant lesdits Conseils à recevoir des dons, et pourvoyant à leur administration et contrôle, et la manière de payer leurs dépenses.

Section première. — Il est ordonné par l'Assemblée générale de l'État d'Indiana : Toutes les fois qu'il semblera au Conseil des Commissaires d'un comté dans l'État d'Indiana, par pétition ou autrement, qu'il existe une demande pour un hôpital dans ledit comté, et que les intérêts du comté et de ses citoyens seront aidés par l'établissement et le maintien dudit hôpital, ledit Conseil pourra pourvoir l'hôpital en achetant le terrain et y construisant des bâtiments convenables, et toutes choses contribuant à l'établissement d'un hôpital, et équiper ledit hôpital, et recevoir des dons en propriété ou en argent, et faire toutes les choses nécessaires pour acquérir, établir, construire, équiper et maintenir ledit hôpital. Mais si le terrain coûte 1.000 dollars ou plus, et qu'il en ait la valeur, alors le Conseil des Commissaires ne pourra l'acheter sans la permission du Conseil du Comté.

Section II. — Le Conseil des Commissaires d'un comté est par cette loi autorisé, au nom dudit comté où le terrain donné par une association est situé, à faire un contrat avec l'association pour la construction de bâtiments convenables pour l'objet dudit hôpital sur le terrain donné, et à bâtir les bâtiments aux frais du comté ; et dans un comté où le terrain avec les bâtiments sont la propriété du comté, mais où la reconstitution, amélioration et ameublement sont payés par l'association, alors le Conseil est autorisé à faire un contrat avec l'association, à lui louer à bail ladite propriété pour un hôpital. Ladite propriété reviendra au comté lorsqu'elle ne sera plus employée pour un hôpital. Le contrat sera fait entre le comté et l'association selon les conditions mutuellement agréées entre eux. Tout cet arrangement dépend des conditions suivantes : Quand une association d'hôpital organisée et constituée en corporation selon une loi de cet État, cédera un terrain convenable pour un hôpital, et que ladite association fournira les ameublements et l'équipement pour l'hôpital, et donnera caution au Conseil du comté de son pouvoir à donner satisfaction ; ou dans un comté où existe une association d'hôpital organisée et constituée en corporation, et où le comté même est le possesseur d'un hôpital et de son terrain, et où ledit hôpital n'est pas en usage ; et où les bâtiments peuvent être aménagés pour un hôpital après qu'ils ont été réparés et meublés ; et où l'association donnera assurance au Conseil qu'elle peut donner sûreté ; alors le Conseil pourra faire un contrat avec l'association comme ci-dessus.

Section III. — Ledit hôpital et ses affaires seront à la charge et sous le contrôle d'un conseil d'administration, qui se composera de onze membres, dont trois seront commissaires dudit comté, et si ledit hôpital est acquis et équipé sans l'aide d'une association d'hôpital, comme il est pourvu dans cette loi, les huit autres membres seront nommés par le juge de la cour du district dudit comté. Et les membres dudit conseil seront nommés pour servir pendant des périodes comme suit : Quatre membres serviront pendant deux années, et quatre membres pendant une année. Et annuellement après cela, le premier lundi de juin de chaque an, ledit juge nommera des successeurs aux membres du Conseil d'administration, — qui ne sont pas commissaires du comté, — dont la période expire au temps de la nomination, et lesdits successeurs serviront pendant deux années. Si l'hôpital est acquis et équipé à l'aide d'une association d'hôpital, comme pourvu dans la section II de cette loi, alors lesdits membres du Conseil d'administration, qui ne sont pas commissaires du comté, seront choisis par l'association d'hôpital qui donne le terrain et les ameublements, et quatre d'entre eux seront nommés par le juge de la cour du district, et leurs périodes de service seront les mêmes que celles prévues dans cette section dans les cas d'hôpitaux acquis et équipés sans l'aide desdites associations. Les successeurs des membres du Conseil d'administration seront élus : deux pour deux ans par les membres de ladite association, et deux nommés annuellement par le juge de la cour du district, le premier lundi de juin de chaque année. Dans le cas d'une vacance, le successeur sera choisi pour la partie de la période inachevée par les membres du Conseil. Nul membre du Conseil, n'importe quelle soit la manière de leur nomination, ne recevra paiement pour ses services comme membre du Conseil. Il est défendu à chaque membre par cette loi d'avoir un intérêt dans l'approvisionnement de l'hôpital dont il tirera profit. Si un membre y acquiert quelque intérêt, il sera congédié immédiatement du conseil, et sa place sera déclarée vacante. Le membre ainsi congédié ne pourra pas être réélu.

Section IV. — Le conseil d'administration dudit hôpital s'assemblera une fois chaque mois avec les commissaires du comté; et à ces sessions les affaires de l'hôpital seront considérées. Si le conseil d'administration pense que d'autres sessions sont nécessaires pour la bonne administration de l'hôpital, le conseil est autorisé à désigner d'autres sessions et à prescrire le temps, la place et la manière de ces sessions. Une majorité du conseil constituera un *quorum* pour la transaction des affaires.

Section V. — Le conseil d'administration dudit hôpital aura l'autorité d'élire les fonctionnaires de l'hôpital et de faire des règlements pour l'administration de ses affaires ; pourvu que les règlements ne soient pas en contradiction avec les provisions de cette loi.

Section VI. — Les surveillants des communes, comme administrateurs d'assistance publique dans les communes du comté où l'hôpital est établi, quand une demande est faite de service médical par les pauvres de leurs communes, examineront l'application et détermineront aussi bien que possible si le postulant peut être mieux soigné et plus économiquement à l'hôpital que chez lui. Et si le surveillant de la commune décide que le postulant doit être admis à l'hôpital, ce sera le devoir dudit surveillant d'établir un certificat du fait au conseil d'administration dudit hôpital, et de faire transporter le postulant à l'hôpital ; et sur la présentation du certificat il sera reçu à l'hôpital et sera soigné par le médecin des pauvres, comme pourvu par la loi. Le comté ne paiera pas plus de 7 dollars par semaine par malade. Le prix pour les soins de l'hôpital n'excédera pas les frais actuels, et le coût sera calculé par le surintendant ou par son représentant. Ladite estimation sera faite d'après les rapports mensuels des fonctionnaires dudit hôpital au conseil d'administration. Les dépenses pour les malades pauvres et pour le maintien dudit hôpital qui restent à payer après que les dépenses de tous les fonds provenant de toutes les sources pour le maintien dudit hôpital seront épuisées, seront payées par la caisse du comté, sur une autorisation en faveur du trésorier du conseil d'administration dudit hôpital.

Section VII. — Des malades peuvent être reçus audit hôpital pour avoir des soins médicaux, en plus d'indigents malades jadis pourvus dans cette loi ; et tous les accommodements convenables pourront être pourvus pour lesdits malades payants, y compris les approvisionnements nécessaires, des gardes-malades compétentes, et toutes les autres choses nécessaires pour le bon service ; et le conseil d'administration est autorisé à demander et percevoir desdits malades payants les droits coutumiers dans d'autres hôpitaux de premier rang ; et les droits seront gradués selon la chambre, les soins de gardes-malades et les autres provisions fournies auxdits malades payants. Des malades pourront être reçus d'autres comtés qui n'ont pas un hôpital, d'après les conditions fixées par le conseil d'administration. Toutes les sommes recueillies desdits malades payants iront dans la caisse dudit hôpital pour être employées à l'amélioration et au maintien dudit hôpital, afin que l'hôpital fasse autant que possible ses frais.

Section VIII. — Un médecin qualifié résidant dans un comté qui a établi ou acquis un hôpital d'après cette loi pourra faire soigner ses clients dans ledit hôpital dans les mêmes conditions établies pour d'autres malades payants, et ledit médecin aura la permission de soigner ses clients de la manière que bon lui semble ; pourvu que tous les médecins soient sujets aux règlements dudit hôpital.

Section IX. — Deux comtés ou plus de l'État pourront s'unir pour acheter, établir, bâtir, équiper, et maintenir un hôpital d'après les provisions de cette loi, et chaque comté paiera sa part des dépenses nécessaires à cet objet.

Section X. — Dans le cas où le conseil des commissaires du comté dans cet État établira un hôpital d'après cette loi, le Conseil du comté est autorisé par ces présentes à voter des fonds de la caisse du comté, à imposer une contribution sur la propriété du comté, à émettre des obligations, et à faire toutes les choses nécessaires pour se procurer les fonds nécessaires à la construction, à l'équipement et au maintien dudit hôpital.

DES LOIS CONCERNANT LES ASILES DES PAUVRES DES COMTÉS
(En vigueur le 19 septembre 1881).

Le Grand Jury doit examiner la condition et l'administration des prisons et des asiles des pauvres du comté.

Le Grand Jury, pendant la session du tribunal, sera autorisé à visiter, chaque fois qu'il le jugera convenable, la prison et l'asile des pauvres du comté pour examiner leur condition et administration.

Qui que ce soit qui, ayant charge d'un asile des pauvres du comté ou autre institution entretenue aux frais du public, ou d'une maison pour les orphelins ou enfants indigents, ou pour les soins des pauvres ou malades du comté, laissera devenir sale ou malpropre l'institution, de sorte que la santé des internés soit par cela mise en péril ; ou manquera de fournir aux internés assez de nourriture et de vêtements convenables ; ou les traitera avec cruauté, sera frappé d'une amende n'excédant pas 100 dollars, et d'au moins 10 dollars.

Pour obtenir la somme nécessaire à acheter le terrain et meubler les bâtiments de l'asile, le Conseil des Commissaires du comté aura le droit d'imposer une taxe sur la propriété qui est sujette à l'imposition des taxes pour le revenu du comté, taxe n'excédant pas un quart additionnel aux taxes permises par les lois existantes.

Aussitôt que les provisions nécessaires pourront être faites par la construction des bâtiments convenables, ledit Conseil donnera ordre que toutes les personnes qui sont devenues indigentes permanentes soient envoyées audit asile, et le Conseil prendra des mesures pour employer et maintenir ces indigents ; et là-dessus les surveillants généraux de temps à autre feront transporter les indigents permanents dans les communes audit asile.

Un asile ou ferme pourvu par le Conseil des Commissaires du comté pourra être discontinué par ledit Conseil, et la propriété pourra être vendue, louée à bail, ou autrement placée pour le meilleur intérêt du comté.

Appel pourra être fait des décisions du juge de paix dans un procès autorisé par cette loi, de la même manière que dans d'autres causes.

Le Conseil des Commissaires du comté pourra, à sa discrétion, nommer annuellement un Conseil de Visiteurs, qui se composera d'un individu de chaque commune dans le comté, ou d'un plus petit nombre de personnes, comme bon leur semble, pour visiter, au moins une fois par an, l'asile du comté, et faire un rapport aux Commissaires concernant sa condition, et le traitement et discipline des internés.

Ces visiteurs recevront la compensation jugée être raisonnable par le Conseil.

LOIS DE L'AN 1889

Le Conseil d'Assistance publique de l'État examinera la condition et l'administration des infirmeries, et les fonctionnaires fourniront au Conseil, sur sa demande, les renseignements qu'il désire. Tous les plans pour les nouvelles prisons et infirmeries, avant leur adoption par le Conseil du comté, seront soumis au Conseil d'Assistance publique de l'État pour qu'il donne son avis.

LOI DE L'AN 1890

Le surintendant (de l'asile du comté) donnera caution, avec nantissement sur propriété foncière libre, audit Conseil, d'une somme de 500 dollars à 5.000 dollars pour l'accomplissement fidèle de ses devoirs et il fera audit Conseil, dans le printemps et l'automne, un rapport détaillé écrit où il mentionnera la date et manière de l'admission de chaque indigent, sa santé et son aptitude au travail, les résultats de ce travail, les dépenses de son entretien ; et ce sera le devoir des membres du Conseil de visiter annuellement ledit asile et d'examiner son adaptation au but pour lequel il a été établi.

ADMINISTRATION DES ASILES DES PAUVRES
(Lois de l'an 1899).

Loi réglant l'administration des asiles des pauvres, définissant la méthode de nomination des surintendants et des autres fonctionnaires, les devoirs des commissaires de comtés, prescrivant la manière d'acheter les provisions et de vendre les produits, la discipline et l'emploi d'internés, etc.

Section première. — Arrêté par l'Assemblée Générale de l'Etat d'Indiana : Ce sera le devoir du Conseil des Commissaires dans chaque comté d'Indiana, pas plus tard que le second lundi de juin après que cette loi sera en vigueur, de nommer un surintendant de l'asile du comté, qui servira pendant deux ans à partir du 1er septembre suivant, à moins qu'il ne soit congédié comme il est prescrit dans une section suivante de cette loi ; les nominations à l'avenir à l'occasion d'une vacance seront pour une période de deux ans, se terminant le 31 août de chaque année. Chaque surintendant nommé d'après les provisions de cette loi recevra des appointements annuels fixés par le Conseil des Commissaires du comté, et aussi le logement et l'entretien dans l'asile des pauvres. Dans un comté où un surintendant aura été nommé sur un contrat qui s'étende au delà du 1er septembre suivant le premier lundi de juin après que cette loi aura été en vigueur, alors la nomination commencera à l'expiration dudit contrat, et sera pour une période de deux ans, moins le temps dudit contrat inexpiré après le 1er septembre. Les Commissaires choisiront comme surintendant un homme de bonne réputation, de bon caractère, d'une disposition aimable et compatissante, de capacité administrative, qui ait une éducation d'écoles publiques et qui soit un cultivateur expérimenté et habile. Les seules considérations qui entrent dans le choix ou dans le renvoi d'un surintendant devront être celles de son caractère, de sa capacité et de ses aptitudes.

Section II. — Le Conseil des Commissaires de chaque comté prescrira les règlements nécessaires à l'administration des asiles des pauvres. Sur l'avis et avec l'aide du surintendant de l'asile des pauvres du comté, il réglera le nombre et fixera les traitements des directrices, sous-maîtres, gardes-malades, cultivateurs, couturières, ouvriers ou autres employés nécessaires à l'administration de l'asile. Il pourra congédier le surintendant, mais seulement dans le cas de manquement à ses devoirs ; et la raison devra en être inscrite dans le registre de la cour des commissaires. Dans tous les cas le terme d'office du surintendant se terminera le 31 août.

Section III. — Le surintendant nommera les directrices, sous-maîtres, gardes-malades, cultivateurs, ouvriers et les autres employés nécessaires au travail de l'asile. Le surintendant pourra congédier un fonctionnaire ou employé qu'il a nommé à une date quelconque, et il rendra un compte écrit du fait au Conseil des Commissaires du comté à leur section prochaine. Ce sera son devoir de renvoyer promptement un fonctionnaire ou employé qui sera coupable d'ivresse, de langage malhonnête ou injurieux en présence d'internés, de cruauté contre les internés, d'impudicité ou de toute autre offense contre la décence. Les considérations de famille ou politiques seront exclues des actions du surintendant pour la nomination ou le renvoi d'un fonctionnaire ou employé ; le caractère, le mérite et la capacité seulement décideront de ladite nomination ou dudit renvoi.

Section IV. — Ce sera le devoir du surintendant de l'asile des pauvres d'administrer l'asile et ferme dans les intérêts du comté. Il maintiendra l'ordre et la discipline ; il assignera une tâche raisonnable de travail à chaque interné qui puisse travailler, et nul interné ne sera dispensé du travail, sauf pour raison majeure, par le surintendant ou par le médecin du comté ; mais cette exemption par le médecin sera pour un temps déterminé, sauf dans le cas des indigents septuagénaires, ou des estropiés ou des personnes affligées d'une maladie incurable ou d'une autre infirmité de corps ou d'esprit pour laquelle le médecin pourra donner une exemption permanente. Tous les internés qui refusent de faire la tâche qui leur est assignée par le surintendant seront renvoyés par lui ; et ils ne pourront être réadmis que six semaines après la date de renvoi, avec le consentement du surintendant, ou sur l'ordre d'un surveillant général de pauvres qui sera contrepassé par le président du Conseil de Commissaires du comté. Le surintendant observera soigneusement les règlements prescrits par les Commissaires du comté, et il sera gouverné par les suggestions qui leur seront faites par le Conseil d'Assistance et de Correction du comté dans les comtés où lesdits Conseils existent. Il fera des rapports chaque fois que les Commissaires du comté l'ordonnent, et au Conseil d'Assistance de l'État quand il l'exige.

Section V. — Le jeudi précédant le premier lundi de mars, juin, septembre et décembre de chaque année, le surintendant de l'asile des pauvres du comté mettra en liasse chez le vérificateur du comté un devis des provisions de viande, épicerie, nouveautés et lingerie, combustibles, ameublement, etc., qui devront être achetés pour les internés et l'entretien de l'asile pendant les trois mois suivants. Le vérificateur là-dessus divisera le devis d'après les rubriques convenables, et le soumettra à l'examen du Conseil des commissaires du comté pas plus tard que le premier jeudi après le premier lundi de mars, juin, septembre et décembre de chaque année. Les commissaires examineront le devis et y feront les amendements que bon leur semble. Le devis sera ouvert pendant la session de la cour des commissaires et après cela pour l'examen. Le vérificateur, pas plus tard que le premier lundi de mars, juin, septembre et décembre de chaque année, donnera notification par une annonce dans au moins un journal publié au chef-lieu du comté, que le devis est en liasse dans son bureau ; et il sollicitera des offres de contrats pour les approvisionnements des trois mois suivants. La date du jour où les offres seront reçues sera indiquée dans la notification, et ne devra pas être antérieure au dixième jour après la première annonce. Les offres reçues pour les approvisionnements nécessaires à l'asile seront ouvertes par les commissaires dans la cour et les contrats seront au fournisseur dont l'offre est jugée la plus avantageuse. Les offres reçues seront contrepassées par le vérificateur comme acceptées ou refusées, et seront conservées en liasse au bureau du vérificateur et pourront être examinées par n'importe qui. Le vérificateur donnera notification de l'acceptation de son offre à chaque heureux offrant, et un contrat sera dûment exécuté. Le Conseil des Commissaires pourra rejeter une offre quelconque, et pourra encore une seconde fois faire des annonces pour d'autres offres de la manière indiquée ci-dessus. Les Commissaires pourront à leur discrétion exiger une caution des offrants heureux comme garantie de leurs contrats. Après l'exécution desdits contrats des comptes pour les provisions achetées seront présentés au vérificateur par ceux auxquels le paiement est dû ; et ces comptes seront examinés par le surintendant de l'asile et par le vérificateur, et alors approuvés et signés par le surintendant de l'asile, qui certifiera que les provisions y spécifiées ont été reçues par lui et sont de la qualité indiquée dans le contrat; et le vérificateur certifiera que les prix et les quantités sont d'accord avec les contrats en liasse dans son bureau. Les comptes ainsi certifiés seront présentés par le Vérificateur aux commissaires qui les examineront, et s'ils les approuvent donneront ordre pour les payer de la manière prescrite par la loi pour le paiement de demandes contre le comté par les commissaires du comté. Le surintendant, sur l'ordre des commissaires, pourra de temps à autre acheter du bétail, des outils et machines agricoles et d'autres provisions nécessaires pour la ferme du comté. Les demandes de paiement seront faites devant la cour sur serment des réclamants, et ces demandes seront certifiées par le surintendant de l'asile des pauvres du comté, et si elles sont trouvées exactes et approuvées par les commissaires, les autorisations seront faites de la manière prescrite par la loi. Les provisions autorisées par cette section seront achetées et les demandes allouées de la manière habituelle.

Section VI. — Les produits de la ferme qui ne sont pas nécessaires pour l'entretien des internés seront rapportés aux commissaires qui pourront à leur discrétion donner ordre au surintendant de les vendre à la plus haute somme possible. Le surintendant après la vente recueillera l'argent et le versera au trésorier du comité, qui lui donnera un reçu. Le surintendant rapportera le fait immédiatement au vérificateur et mettra en liasse chez lui le reçu du trésorier qui lui réglera son compte. Toutes les affaires concernant la vente des produits de surplus de la ferme seront rapportées aux commissaires devant la cour; et ces affaires, — les noms des acheteurs, la description et quantité des produits vendus, date de la vente, et prix reçu, — seront enregistrées dans les livres des commissaires.

Section VII. — Quand un Conseil du comté est organisé dans un comté de cet État, il est déclaré par ces présentes que l'autorisation conférée par cette loi de payer les fonctionnaires et les employés des asiles et de payer les provisions de toute sorte, sera limitée strictement aux sommes affectées en avance par ledit Conseil du comté sur les estimations fournies. Nulle obligation ni responsabilité ne sera attirée par un fonctionnaire pour le comté à moins qu'elle n'ait été affectée antérieurement. Tous les engagements ou contrats faits en contradiction de cette loi sont déclarés nuls : droit d'ester en jugement sera maintenu contre le comté là-dessus.

Section VIII. — Toutes les lois en contradiction avec cette loi sont par ces présentes abrogées.

DIVISION V. — L'ASSISTANCE DANS LA COMMUNE DOMICILE DE SECOURS, ETC.

LOI D'ASSISTANCE PUBLIQUE DANS LES COMMUNES (Lois de 1901, ch. 147).

Loi concernant l'Assistance publique, remplaçant les lois abrogées.

Section première. — L'Assemblée Générale de l'État d'Indiana arrête : Les administrateurs des communes (« township trustees ») dans toutes les communes de cet État seront *ex officio* administrateurs de la taxe des pauvres dans leurs communes respectives et ils rempliront tous les devoirs légaux concernant les pauvres dans leurs communes respectives.

Section II. — Chaque administrateur chargé des fonctions réglées par cette loi sera nommé surveillant général des pauvres (« overseer of the poor »).

Section III. — Dans tous les actes et toutes les transactions pour ou contre un administrateur concernant les pauvres de la commune, ces actes et ces procédés seront conduits pour ou contre la commune même comme personne juridique.

Section IV. — Chaque comté (« county », c'est-à-dire la division politique qui renferme les « townships » ou communes) entretiendra, auprès des institutions charitables permises par la loi, un asile du comté, et y assistera et soutiendra les personnes pauvres et indigentes qui ont leur domicile de secours dans le comté et qui ont été placées dans l'asile par les surveillants généraux des pauvres. Le comté aura le droit de faire des contrats avec des institutions charitables situées dans l'État pour l'assistance et pour l'entretien des indigents qui ont le domicile de secours dans le comté, et il aura droit d'imposer une taxe pour payer les dépenses. Le Conseil du comté (« County Council ») de chaque comté devra affecter et les Commissaires (« Board of Commissioners ») devront avancer au surveillant général de la commune la somme nécessaire pour assister les pauvres et pour l'enterrement des indigents de la commune ; le surveillant général devra rendre compte de l'emploi de cet argent et le verser à la caisse du comté suivant le règlement ci-dessous.

Section V. — Le domicile de secours (« legal settlement ») s'acquiert dans une commune ou dans un comté, et donne droit à l'assistance publique à une personne pauvre et nécessiteuse, dans les cas suivants :

1° Une femme mariée devra toujours suivre et posséder le domicile de secours de son mari dans le cas où il a un domicile dans l'État. Autrement elle retient le domicile qu'elle avait au temps de son mariage, si elle avait alors un domicile de secours il n'est ni perdu ni suspendu par le mariage. Attendu que, dans le cas où l'homme et sa femme ont demeuré pendant six mois dans un comté dans l'État d'Indiana, et où il abandonnerait sa femme, son domicile de secours sera dans la commune où elle demeurait à ce temps de la désertion. — 2° Les enfants légitimes auront le domicile de secours du père, s'il en a un dans l'État, jusqu'au temps où ils acquerront leur propre domicile de secours ; mais si le père n'a pas de domicile de secours, ils auront le domicile de la mère, si elle en a un. — 3° Les enfants illégitimes devront avoir le domicile de secours de leur mère à leur naissance, si elle en avait un alors dans l'État ; mais ni les enfants légitimes ni les enfants illégitimes n'acquièrent de domicile de secours par naissance dans l'endroit de leur naissance, à moins que leurs parents en même temps n'y en eussent. — 4° Chaque mâle adulte et chaque femme non mariée ayant plus de 21 ans révolus, qui a demeuré dans une commune de cet État pendant un an sans interruption, acquièrent par là un domicile de secours dans la commune. — 5° Chaque mineur dont les parents et chaque femme mariée dont le mari n'a pas un domicile de secours dans cet État, qui demeure un an sans interruption dans une commune dans cet État, acquiert par là domicile de secours dans cette commune. — 6° Chaque mineur apprenti *bona fide* acquiert par là le domicile de secours de son patron ou de sa patronne. — 7° Chaque domicile de secours une fois légalement acquis doit continuer jusqu'à ce qu'il soit perdu ou annulé par l'acquisition d'un nouveau domicile dans cet État ou par l'absence volontaire, et interrompu pendant un an ou plus de la commune dans laquelle ledit domicile a été acquis; et par l'acquisition d'un nouveau domicile, ou en conséquence de l'absence ininterrompue et volontaire tous les domiciles antérieurs seront perdus. Les provisions de cette section seront appliquées pendant l'obtention ou la perte ou l'annulation des domiciles de secours, avant aussi bien qu'après que cette loi sera en vigueur.

Section VI. — Le surveillant général dans chaque commune a la surveillance et le soin de tout indigent dans sa commune autant qu'il reste à la charge du public, et il veille à ce qu'il soit secouru convenablement dans la manière prescrite par la loi. Il est de son devoir, en cas de nécessité, de procurer rapidement les soins médicaux et chirurgicaux aux indigents de sa commune qui ne sont pas hospitalisés dans des institutions publiques, et de pourvoir convenablement aux médicaments prescrits par le médecin ou chirurgien qui fait des visites aux pauvres.

Section VII. — Toutes les fois qu'on demande au surveillant général des pauvres l'assistance pour une personne ou pour une famille qui prétend être dans la misère, ce sera le devoir du surveillant général de s'inquiéter des moyens d'existence des dits indigents, de manière à constater leur domicile de secours, leur état de santé, leur occupation présente ou passée, leur capacité de travail, leur âge et la capacité de travail de tous les membres de la famille, et s'ils se trouvent dans la misère, de trouver la cause de leur indigence s'il est possible. Le surveillant général s'enquiert aussi des parents des indigents pour qui on demande des secours, et constate autant que possible si, oui ou non, ils peuvent ou veulent les assister.

Section VIII. — Toutes les fois qu'un surveillant général trouve, grâce à ses recherches, qu'une personne ou famille pauvre a besoin d'assistance, il leur donnera l'aide temporairement nécessaire à leur misère urgente; mais avant qu'il leur donne un secours définitif et permanent, il doit examiner si la misère peut être secourue par d'autres moyens que les mesures communales.

Section IX. — Si les personnes pauvres qui se présentent pour recevoir un secours sont en bonne santé, ou si d'autres membres de la famille sont en bonne santé, le surveillant général doit exiger que ceux qui se portent bien cherchent du travail, et il doit refuser le secours jusqu'au moment où il est persuadé que les personnes qui demandent l'aide elles-mêmes cherchent un emploi. Le surveillant général, dans de pareils cas, doit faire de son mieux pour obtenir du travail pour les robustes dans la commune où ils ont leur domicile de secours, et il pourra demander aux habitants de la commune de l'aider à trouver du travail pour les personnes qui peuvent travailler.

Section X. — Si les pauvres qui se présentent pour obtenir un secours de la commune ont des parents habitant la commune qui peuvent les aider, ce sera le devoir du surveillant général, avant de les aider une seconde fois, d'exiger des parents qu'ils les aident en leur trouvant du travail ou en leur donnant des vivres. Une personne pauvre qui demande de l'assistance peut travailler, et, si elle refuse de travailler quand on lui donne l'occasion, alors le surveillant général lui refusera des secours, à l'exception de l'admission à l'asile des pauvres du comté, où elle sera obligée de travailler.

Section XI. — Toutes les fois que le surveillant général donne un secours, — sauf en cas d'enterrement, d'aide médical ou d'assistance aux enfants sous la loi de l'éducation obligatoire, — à une personne ou famille indigente, jusqu'à concurrence de 15, il sera illégal de fournir d'autres secours à cette personne ou famille indigente avant qu'il ait présenté aux commissaires du comté un exposé et un bordereau contenant les faits suivants : les noms et l'âge des personnes de la famille, leur emploi antérieur, leur état de santé, leur capacité de travail, leurs parents — s'il y en a — résidant dans la commune, et les efforts du surveillant général même pour obtenir du travail pour ceux qui peuvent travailler.

Section XII. — Après l'examen de ce bordereau, les commissaires du comté peuvent autoriser le surveillant général à fournir d'autres secours à ces personnes ; dans chaque cas un exemplaire du bordereau soumis aux commissaires du comté doit être déposé chez le vérificateur du comté, qui le transmettra au bureau des commissaires d'assistance de l'Etat, en même temps qu'il transmettra l'exemplaire de l'inventaire de l'assistance accordée par leur surveillant général, exigé par cette loi.

Section XIII. — Ce sera le devoir de chaque surveillant général de s'informer quelles sociétés de bienfaisance — s'il y en a — existent dans la commune dont il est surveillant général. Toutes les fois que le surveillant général trouvera des sociétés de bienfaisance, il devra demander aux agents ou aux membres de ces sociétés les noms des indigents auxquels ils donnent des secours ; et il devra leur offrir tous les renseignements utiles concernant les pauvres qu'il possède ; et il devra leur demander les renseignements qu'ils peuvent lui donner concernant les pauvres.

Section XIV. — Ce sera le devoir du surveillant général de s'informer, autant que possible, des œuvres de toutes les sociétés de bienfaisance dans la commune, et de coopérer avec elles comme il lui semble convenable, afin d'éviter la répétition inutile de secours et de causer la création de nouvelles familles indigentes au moyen d'aumônes aveugles. Le surveillant général s'assurera du concours de ces sociétés et de leurs membres pour obtenir du travail pour ceux qui lui en demandent quand ils peuvent travailler.

Section XV. — Il sera illégal pour un surveillant général de donner un secours à une personne qui n'a pas un domicile de secours dans la commune où elle se trouve, autrement que par travail, à moins qu'elle soit malade, vieille, blessée, estropiée, en un mot incapable de voyager ; et tous les surveillants généraux devront assigner les travaux les plus durs aux personnes robustes qui n'ont pas leur domicile de secours dans la commune, et qui demandent secours. Il sera illégal de fournir le transport aux frais de la commune à une personne qui n'a pas son domicile de secours dans la commune.

Section XVI. — Il sera illégal de fournir transport aux frais de la commune à une personne qui n'y a pas son domicile de secours, et qui est malade, vieille, blessée ou estropiée, avant que le surveillant général se soit assuré d'une manière certaine, par correspondance ou autrement, du domicile de la personne qui fait la demande ; et la dite personne devra être dirigée vers son domicile de secours, à moins qu'il puisse être démontré que la personne dans le besoin ait droit au secours ou aux moyens d'entretien dans une autre localité où elle demande à être envoyée.

Section XVII. — Au sujet de toutes les allocations de secours, payées par l'assistance publique par des fonctionnaires quelconques, le vérificateur du comté devra rendre compte chaque trimestre, au bureau de Conseil d'assistance de l'État, à l'époque où le surveillant général fera son rapport.

Section XVIII. — Le surveillant général ou tout autre fonctionnaire qui contrevient aux dispositions de cette loi devra payer une amende de deux $ au minimum et de sept $ au maximum.

Section XIX. — Tout surveillant général ou tout autre fonctionnaire qui donne des secours de l'assistance publique à des personnes pauvres malades et indigentes qui ne sont pas internes d'une institution publique, devra tenir un registre dans lequel il inscrira les noms, âge, sexe, couleur, condition (marié ou célibataire) et nationalité de chaque personne à qui le dit fonctionnaire ou surveillant général de l'assistance publique donne des secours ; date et montant de secours en argent, ou valeur et genre de secours en nature. Dans le cas où le secours est confié à une personne à l'usage d'autres personnes, le registre devra mentionner le nombre de ceux qui reçoivent le secours, leur âge et sexe ; dans le cas où le secours n'est donné qu'à une seule famille, le registre doit mentionner les noms, âge, sexe, couleur et nationalité de chaque personne qui reçoit le dit secours, qui n'est pas membre de la famille de l'individu à qui le surveillant général ou tout autre fonctionnaire a confié le secours. Le registre doit aussi mentionner la cause des secours.

Section XX. — Deux exemplaires du registre devront être mis en liasse chaque trimestre dans le bureau du vérificateur de comté où le secours est donné par la personne qui tient le registre, et du fait des présentes dispositions il est illégal pour les commissaires d'un comté d'approuver ou de permettre le paiement par la caisse du comté de secours à une personne qui n'est pas interne d'une institution publique l'assistance, avant que deux emplaires de ce registre, entièrement conformes au règlement de la XIX° section, soient déposés dans le bureau du vérificateur du comté où le secours est donné. Ce sera le devoir du vérificateur de chaque comté d'envoyer au bureau des Commissaires d'assistance publique de l'Etat, au moins une fois par trimestre, un exemplaire de chaque registre mis en liasse dans son bureau selon les dispositions de cette loi, dans un délai de trois mois après la mise en liasse de l'exemplaire chez lui.

Section XXI. — Si une personne pauvre croit qu'elle a droit de bénéficier des lois pour l'assistance des pauvres, et que le surveillant général de la commune dans laquelle elle demeure refuse de l'assister : sur la demande de cette personne les commissaires du comté pourront, quand bon leur semblera, charger le surveillant général de l'assister.

Section XXII. — Si une personne indigente se trouve dans une commune, et que le surveillant général de cette commune ne puisse pas apprendre et constater leur domicile de secours, il pourvoira aux besoins de cette personne indigente comme pour d'autres personnes indigentes pourvues par ces présentes.

Section XXIII. — Toutes les fois qu'une personne aura droit au secours temporaire comme indigence dans la commune où elle n'a pas un domicile de secours, le surveillant général pourra, si bon lui semble, donner des secours en la plaçant dans l'asile des pauvres du comté, s'il y en a, et l'employer, si cela se peut.

Section XXIV. — Sur la plainte d'un surveillant général, un juge de paix peut, grâce à son mandat confié à un agent de police ou à une autre personne à cela désignée pour l'exécuter, faire envoyer à la dépense du comté une personne trouvée dans la commune qui probablement deviendra à charge à l'assistance publique et qui n'a pas là un domicile de secours, à l'endroit où la personne a ce domicile de secours, s'il est convenable; mais si la personne n'est pas transportable, elle devra être secourue par le surveillant général toutes les fois qu'elle en aura besoin.

Section XXV. — Si un surveillant général d'une commune dans un comté de l'Etat d'Indiana, où un indigent a été transporté de la manière ci-dessus, pense qu'on lui a fait tort par l'ordre du transport, il pourra, dans un délai de vingt jours après qu'il connaîtra le transport, faire appel contre la décision du juge de paix ordonnant le dit transport, au tribunal du comté dont l'ordre de transport a émané; cet appel devra être pris, mis en jugement, déterminé et les dépenses adjugées comme dans d'autres cas d'appel contre le jugement d'un juge de paix; et l'ordre de transport peut être annulé ou confirmé selon la loi et le droit du cas.

Section XXVI. — Cet appel devra être entendu à la session du tribunal après que l'appel aura été enregistré, si dans l'opinion du tribunal une notification convenable a été donnée à l'autre partie; mais si la notification n'a pas été donnée, le cas devra être continué jusqu'à la session suivante du tribunal, et notification d'appel devra être donnée alors si elle n'a pas été donnée antérieurement.

Section XXVII. — Si l'ordre du transport est défectueux, le tribunal devra permettre qu'il soit corrigé sans frais, et après que cette correction sera faite, l'appel devra être écouté et jugé comme si l'ordre n'avait pas été défectueux.

Section XXVIII. — Si une personne, grâce à des provisions de cette loi, est transportée d'un comté, commune ou endroit à un autre endroit dans l'Etat, sur une autorisation ou un ordre sous la main et le cachet d'un juge de paix, comme dans les présentes ci-dessus, le surveillant général de la commune ou de l'endroit où la dite personne sera transportée sera obligé de recevoir la personne ayant domicile de secours dans sa commune.

Section XXIX. — Dans les communes où le surveillant général est rémunéré des appointements, ces appointements devront être la seule récompense de ses services comme surveillant général des pauvres; et dans les communes où le surveillant général est payé par jour il devra recevra deux $ par jour pour ses services pour les indigents et pour ses autres services; et il ne devra pas recevoir plus de deux $ par jour, quel que soit son devoir.

Section XXX. — Dans le cas où le surveillant général s'éloignerait de sa commune ou serait congédié ou donnerait sa démission, ou autrement quitterait sa charge, il devra immédiatement livrer tous les livres, les dossiers et les autres choses qui appartiennent à sa charge à son successeur après sa nomination ; et en cas de mort d'un surveillant général, ses exécuteurs ou administrateurs devront, dans un délai de quarante jours après sa mort, délivrer tout ce qui appartient à sa charge à son successeur.

Section XXXI. — Les surveillants généraux devront faire le règlement des comptes de secours aux pauvres avec les conseillers du comté annuellement, pendant les premiers dix jours de janvier, ou plus souvent si les conseillers l'exigent, et ils devront mettre en liasse les pièces justificatives selon les termes de cette loi et des autres lois.

Section XXXII. — Les conseillers du comté sont, par ces présentes, chargés de faire le règlement des comptes des surveillants généraux dans les communes de leurs comtés respectifs au moins une fois chaque année, et plus souvent si bon leur semble.

Section XXXIII. — Ce sera le devoir du surveillant général, dans le cas où on l'informera qu'une personne qui n'est pas résidente de sa commune s'y trouve malade, ou dans la misère, sans amis et sans argent, de sorte qu'elle est exposée à souffrir, de faire un examen de le situation de la personne et de donner le secours temporaire nécessaire ; si une personne meurt dans une commune et ne laisse pas d'argent ou d'autres moyens de payer les frais funéraires, ce sera le devoir du surveillant général de cette commune de trouver une personne pour avoir le soin de l'enterrement, et il devra donner ordre de payer les frais nécessaires et raisonnables du dit enterrement.

Section XXXIV. — Ce sera le devoir des surveillants généraux des pauvres dans leurs communes d'avoir soin de l'enterrement du corps d'un soldat ou marin honorablement envoyé dans ses foyers, par l'entrepreneur des pompes funèbres désigné par la famille ou par les parents du défunt, d'une manière convenable et décente, dans un cimetière situé dans l'État, exception faite des terrains exclusivement consacrés aux indigents défunts, si les frais n'excédent pas 50 dollars ; les mêmes dispositions s'appliquent au corps de la femme ou de la veuve du soldat ou marin qui sera décédé habitant cet État sans laisser les moyens de payer les frais funéraires, ou dont la famille sera indigente, de sorte qu'elle ne pourra pas payer les dépenses si elles sont trop élevées pour elle.

Section XXXV. — Les registres de ces enterrements devront être préservés dans les livres des indigents de la commune ; mais ces enterrements devront être rapportés aux commissaires du comté, et les dépenses seront payées par la caisse du comté comme les autres charges légales du comté sont admises et payées.

Section XXXVI. — Ce sera le devoir des surveillants généraux dans les différentes communes de mettre en apprentissage les enfants qui leur sont confiés de temps à autre ; ce sera aussi le devoir des surveillants généraux de veiller à ce que les enfants mis en apprentissage soient convenablement traités par leurs patrons, et de prendre les mesures légales de réparation en cas de mauvais traitements. Toutes les fois que les enfants sont mis en apprentissage, le surveillant général devra, en même temps qu'il les met en apprentissage, dans un délai de 30 jours, rendre compte du fait et donner le nom et le domicile de la personne chez laquelle l'enfant est mis en apprentissage, au vérificateur du comté, et ce fonctionnaire devra rapporter le fait et les noms et domicile de la personne chez laquelle l'enfant est mis en apprentissage dans son rapport prochain au Conseil de l'assistance publique de l'Etat.

Section XXXVII. — Les surveillants généraux devront de temps à autre, quand les personnes indigentes deviennent une charge permanente dans leurs communes, les renvoyer aux asiles des pauvres du comté.

Section XXXVIII. — Le vérificateur du comté doit rapporter au conseil des commissaires du comté, au premier jour de la session ordinaire de leurs cours (« court of county commissionners »), dans le mois de septembre de chaque année, le montant d'argent avancé par eux pendant les neuf mois précédents, et une estimation de dépenses pour les trois mois restants de l'année fiscale courante, au surveillant général, pour des secours d'assistance et pour l'aide médicale aux pauvres dans chaque commune. Toutes les fois que les impôts de la commune sont imposés, les fonctionnaires de chaque commune dont les indigents ont reçu des secours avancés du comté devront imposer une contribution sur la propriété de la commune pour rembourser la caisse du comté des paiements avancés, et ces contributions devront être perçues de la même manière que les autres taxes de la commune, et elles devront être payées dans la caisse du comté. Dans le cas où les fonctionnaires d'une commune manqueront à imposer une taxe suffisante pour payer cette avance, le vérificateur du comté devra l'imposer.

Section XXXIX. — Abrogation de certaines lois qui se trouvent en contradiction de cette loi.

Modèle des rapports de la commune au Conseil d'Assistance de l'État.

Les rapports trimestriels doivent être faits d'après ce modèle :

Rapport de secours.

N°..... Trimestre terminé le... 19...
Nom de la personne assistée.

. . . .

(Dans le cas où le secours est donné à une famille, le nom du chef de la famille).

Age... Sexe... Couleur... Métier ou profession...

Combien de temps dans le comté... Nationalité... Cause de besoin de secours...

Le secours est-il pour la famille ?

Dans le cas affirmatif, combien de membres le partagent ?

Age de chaque personne du sexe masculin.

Age de chaque personne du sexe féminin.

Donnez ici noms, âge, sexe et nationalité des personnes qui ne sont pas membres de cette famille et qui partagent ce secours...

Ces personnes, d'où sont-elles venues dans cette commune ?...

Où demeurent les parents ?...

Le plus souvent le secours doit être en comestibles, nourriture, vêtements, transports, etc.

DATE			ESPÈCE	VALEUR
MOIS	JOUR	AN		
			Montant de secours donnés pendant le trimestre . . .	

Signature :

Surveillant général de. . . . . . commune.

Bureau de poste. . . . . .

VAGABONDAGE

Chaque individu, de sexe masculin ou féminin, ayant plus de quatorze ans, qui peut travailler manuellement, qui n'a pas fait un effort raisonnable pour obtenir un emploi, ou qui a refusé de travailler pour une rémunération, et qui est trouvé dans une condition de vagabondage, ou qui mendie habituellement, sera frappé d'une amende de 5 à 50 dollars.

Un individu quelconque, à l'exception d'une femme, ou un aveugle, ou un estropié, qui n'est pas dans le comté de sa résidence habituelle, et qui est trouvé errant et demandant sa nourriture à la charité publique sera arrêté et considéré comme vagabond. Un vagabond qui pénètre dans une maison, ou sur les lieux environnants, sans la permission du propriétaire ou occupant ; ou qui étant prié de vider les lieux ne part pas immédiatement ; ou qui fait tort à une personne ou la menace, elle ou sa propriété, sera frappé d'une amende de 5 à 50 dollars.

IMPORTATION DES INDIGENTS DANS L'ÉTAT

Qui que ce soit qui sciemment fait entrer un indigent dans cet Etat, avec l'intention qu'il devienne à charge à l'un des comtés de l'État, sera frappé d'une amende de 10 à 100 dollars.

ABANDON

Qui que ce soit qui sans cause abandonne sa femme, son enfant ou ses enfants, ou qui laisse ladite femme ou ses enfants à charge à l'un des comtés de cet Etat, ou sans les moyens de vivre nécessaires, sera frappé d'une amende de 10 à 100 dollars. (S'ils ont des moyens de vivre, l'homme n'est pas passible criminellement pour l'abandon. State vs. Rice, 106 Ind. 130.)

RECHERCHE DE LA PATERNITÉ (Burns Revised Statutes, 1001).

Section 1002. — Si le défendeur dans la cour du district nie l'accusation, le procès sera jugé par la cour ou par le jury.

Section 1003. — Si le jury trouve que le défendeur est père de l'enfant, ou si le défendeur, devant la cour, le confesse, il sera reconnu père dudit enfant, et il sera chargé de son existence et de son éducation.

Section 1004. — Ladite cour donnera ordre dans le jugement pour assurer le soutien et l'éducation de l'enfant d'allouer un paiement annuel à la mère ou, dans le cas où elle en est indigne, à une autre personne, d'une somme appropriée. La cour rendra un jugement fixant les périodes de paiements, et elle exigera du défendeur, s'il est sous surveillance, de donner caution. Si le défendeur ne peut pas donner caution, il sera renvoyé à la prison du comté.

Si le défendeur ne peut pas payer la somme adjugée, ni donner caution après une incarcération de 12 mois, la cour pourra l'élargir.

Section 1005. — Le jugement sera exécuté quand un paiement sera dû, sans allégement des lois d'évaluation.

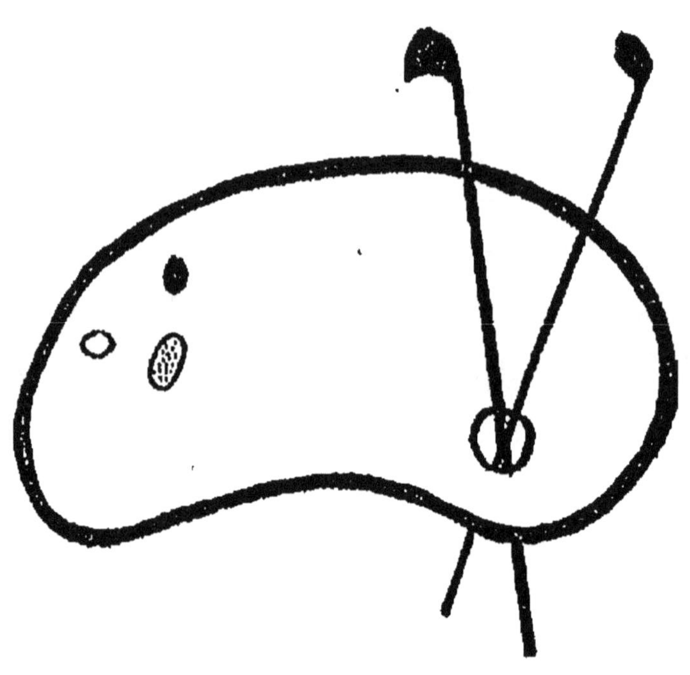

ORIGINAL EN COULEUR
Nº Z 43-120-8